Desserts

Kuchen

Weihnachtsbäckerei

Brote & Brötchen

ZUM NACHSCHLAGEN

Glutenfrei genießen –

gesund essen mit Zöliakie

Risiko Getreide – für die meisten ein gesundes Grundnahrungsmittel, doch bei Zöliakie lebensgefährlich.

Weizen, Gerste, Roggen und Dinkel zählen zu den gesunden Lebensmitteln. Doch manche Menschen reagieren mit einer Unverträglichkeit auf diese Getreidesorten. Schuld daran ist das Getreideeiweiß Gluten. Gelangt es in den Dünndarm, entstehen lebensgefährliche Entzündungen. Insbesondere Kinder sind von einer Zöliakie betroffen. Doch auch bei Erwachsenen kann die Unverträglichkeit gegen das Gluten im Getreide plötzlich auftreten. Die genauen Ursachen sind noch immer ungeklärt. Einzige Behandlung ist eine lebenslange Diät. Dieser Ratgeber hilft Ihnen bei allen Fragen zur glutenfreien Ernährung und bietet Tipps und Tricks zum erfolgreichen und leckeren Kochen und Backen ohne Gluten.

Zöliakie – wenn Getreide krank macht

Zöliakie oder Sprue?

1888 beschreibt ein englischer Arzt die Krankheit eines kindlichen Patienten und nennt sie „coeliac affection“ nach dem griechischen Wort „koilia“ für Bauch. Hiervon leitet sich die deutsche Bezeichnung „Zöliakie“ ab.
Ohne die Ursache der Krankheit zu kennen, versuchte man verschiedene Ernährungsweisen wie eine Bananendiät oder eine Früchte-Gemüse-Diät . Erst 1950 entdeckte ein holländisches Kinderärzteteam, dass der Getreidekleber Gluten (gesprochen Glutéen) die Krankheit auslöst. Das Team entdeckte auch, dass die bei Erwachsenen auftretende Krankheit mit dem Namen „Sprue“ (gesprochen Spruh) dieselben Ursachen hat. Bei der Sprue wird die „Einheimische Sprue“ von der „Tropischen Sprue“ unterschieden, da es sich um zwei verschiedene Krankheiten handelt.
Dadurch kam es zu zwei Namen für dieselbe Krankheit: der Zöliakie bei Kindern und der Sprue bei Erwachsenen. In England gibt es diese Unterscheidung nicht, es existiert nur der Name „Coeliac disease“. Seit einiger Zeit setzt sich auch in Deutschland die einheitliche Bezeichnung Zöliakie durch.

Was ist Gluten?

Getreide besteht bis zu 15 % aus Eiweiß. Bei den Getreidesorten Weizen, Roggen, Gerste und Hafer besteht dieses Eiweiß fast vollständig aus Gluten. Dieser Bestandteil wird auch Klebereiweiß genannt, da er den Teig bei der Verarbeitung elastisch hält. Deshalb eignen sich glutenhaltige Mehle besonders gut für Backwaren. Gluten findet sich aber nicht nur im Getreide und in Getreideprodukten, sondern auch versteckt in vielen Fertignahrungsmitteln. Da es Wasser bindet, emulgiert und stabilisiert, wird es von der Nahrungsmittelindustrie gerne genutzt und vielfältig eingesetzt.

Das Gluten dieser Getreidesorten hat unterschiedliche Namen:

➤ Getreide	➤ Gluten
Weizen	Gliadin
Roggen	Secalin
Gerste	Hordein
Hafer	Avenin

Was passiert bei einer Zöliakie?

Menschen mit einer Zöliakie reagieren mit einer Unverträglichkeit auf das Klebereiweiß Gluten. Gelangt bei ihnen Gluten in den Dünndarm, aktiviert es das Immunsystem. Die Darmschleimhaut entzündet sich. Die Oberfläche der Schleimhaut wird geschädigt und kann sich auf Dauer nicht mehr regenerieren. Dadurch kann die Nahrung nicht mehr ausreichend verwertet werden. Ein Energie- und Nährstoffmangel ist die Folge. Das Immunsystem ist ständig aktiv und der Organismus muss ununterbrochen mit einem Entzündungsherd kämpfen.

Wer bekommt eine Zöliakie?

Die Veranlagung zu einer Zöliakie ist zwar genetisch bedingt, aber die Gene sind nicht allein für die Entstehung der Krankheit verantwortlich. Studien belegen, dass bei eineiigen Zwillingen 70 % unter den Symptomen leiden. Bei genetisch ähnlichen Geschwistern sind es 40 % und bei Verwandten ersten Grades erkrankt noch jeder zehnte an Zöliakie.
Wären ausschließlich die Gene verantwortlich, müsste die Zöliakie in den betroffenen Familien häufiger auftreten. Das bedeutet, dass die Veranlagung vererbt wird, aber zusätzlich weitere Faktoren eine Rolle spielen.
Auftreten kann die Krankheit in jedem Alter. Am häufigsten wird sie bei Kleinkindern diagnostiziert, die auf die erste glutenhaltige Kost mit den typischen Symptomen reagieren. Bei Erwachsenen tritt sie vermehrt zwischen dem 30. und 40. Lebensjahr auf. Da jedoch zwischen Krankheitsbeginn und Diagnose Jahre vergehen können, ist der tatsächliche Beginn oftmals nicht nachzuvollziehen.

Wie häufig ist eine Zöliakie?

Die Zahlen über die Verbreitung schwanken erheblich. In Deutschland spricht man von einer Häufigkeit von 1 : 1000. Da viele Symptome jedoch nicht als Zöliakie erkannt werden, vermuten Experten eine hohe Dunkelziffer und befürchten eine Häufigkeit von 1 : 300. Diese Zahl entspricht der Verbreitung in West-Irland. In China, Japan und Afrika ist die Krankheit hingegen fast unbekannt. Ursache ist wahrscheinlich sowohl die genetische Veranlagung als auch andere Essgewohnheiten mit weniger Getreide und mehr Reis. Frauen erkranken etwas häufiger an Zöliakie als Männer, das Verhältnis beträgt 1,5 : 1.

Bei Babys hat die Zöliakie seit den 70er Jahren abgenommen, da länger gestillt wird und später glutenhaltige Nahrung zugefüttert wird. Unsicher ist, ob dies das Krankheitsrisiko reduziert oder die Zöliakie erst später ausbrechen lässt.

Welche Faktoren beeinflussen die Erkrankung?

Da die Ursachen für Zöliakie noch nicht eindeutig geklärt sind, weiß man nicht, welche Faktoren den tatsächlichen Ausbruch der Krankheit beeinflussen. Auffällig ist eine allgemeine Zunahme der Zöliakie in den letzten Jahrzehnten, teilweise mit nicht mehr eindeutigen Symptomen. Umstritten ist, ob hierbei auch bessere Diagnosemöglichkeiten eine Rolle spielen. Umweltfaktoren, falsche Ernährungsgewohnheiten, Infektionen oder Stress stehen im Verdacht, für ein vermehrtes Auftreten verantwortlich zu sein.

➤ Folgen einer unerkannten Zöliakie

- Eisenmangel (Blutarmut)
- Nachtblindheit
- Blutungsneigung
- Knochenschmerzen/Osteoporose
- Rachitis
- Ödeme (Wassereinlagerungen)
- Muskelkrämpfe
- Menstruationsstörungen
- Unfruchtbarkeit, Früh- und Fehlgeburten
- Depressionen
- Infektanfälligkeit
- Schlechte Wundheilung
- Darmkrebs

Beschwerden erkennen und reagieren

1. Ist Zöliakie genetisch veranlagt und wird sie vererbt?

Das Risiko, an Zöliakie zu erkranken, ist von den Genen abhängig. Studien belegen, dass bei 70 % eineiiger Zwillinge beide an Zöliakie erkranken. Eine genetische Veranlagung bedeutet jedoch nicht unbedingt, dass die Krankheit tatsächlich ausbricht. Was ein zusätzlicher Auslöser sein kann, ist noch nicht geklärt.

2. Ist Zöliakie eine Allergie oder eine Unverträglichkeit?

Zöliakie ist eine spezielle Form der Nahrungsmittelunverträglichkeit. Durch die Reaktion des Darms auf Gluten wird das Immunsystem aktiviert. Die Darmschleimhaut entzündet sich, die Darmzotten flachen ab und nachwachsende Zotten können sich nicht mehr vollständig ausbilden. Dadurch können Nahrungsbestandteile nicht mehr ausreichend verwertet werden.

3. Ist Zöliakie heilbar?

Durch die strikte Einhaltung einer glutenfreien Ernährung können sich alle Symptome der Zöliakie zurückbilden. Werden Diätfehler vermieden, besteht kein erhöhtes Risiko einer Folgekrankheit. Die Unverträglichkeit gegenüber Gluten bleibt jedoch – mit seltenen Ausnahmen – grundsätzlich ein Leben lang bestehen. Medikamente zur Besserung oder Heilung gibt es nicht.

4. Wie schnell kann eine Besserung eintreten?

Das kommt darauf an, wie lange die Zöliakie bereits bestanden hat und wie stark die Darmzotten geschädigt sind. Der Darm kann sich jedoch relativ schnell erholen, wenn er nicht mehr durch Gluten gereizt wird. Normalerweise ist nach etwa drei Wochen eine Besserung spürbar. Je nach Konstitution kann es aber auch länger dauern.

5. Was können die Folgen einer lange Zeit unerkannten Zöliakie sein?

Wurde die Krankheit über einen längeren Zeitraum nicht erkannt, besteht durch die Schädigung des Darms das Risiko von Mangelerscheinungen. Ein Vitamin- und Mineralstoffmangel kann zahlreiche Folgen haben. Bei Kindern kann dies bleibende Schäden auslösen. Ebenso erhöht sich das Darmkrebsrisiko.

6. Kann sich der Körper wieder vollständig regenerieren?

Der Organismus besitzt fantastische Selbstheilungskräfte und ist damit in der Lage, fast alle Schädigungen wieder auszugleichen. Bei Einhaltung einer glutenfreien Ernährung kann sich der Darm innerhalb eines Jahres wieder erholen. Wichtig ist, den Körper bei seiner Heilung zu unterstützen und möglichst ganzheitlich gesund zu leben.

7. Wie hoch ist das Risiko, an einem bösartigen Tumor zu erkranken?

Wird die glutenfreie Ernährung strikt eingehalten, haben Menschen mit Zöliakie kein erhöhtes Krebsrisiko. Die sorgfältige Auswahl der Lebensmittel kann sogar eine Chance für eine besonders gesunde Ernährung sein. Deshalb sollten Ernährungsfehler unbedingt vermieden und die glutenfreie Ernährung immer als eine aktive Krebsvorbeugung gesehen werden.

8. Kann ich mich wieder normal ernähren, wenn ich jahrelang keine Beschwerden hatte?

Probieren Sie in gar keinem Fall auf eigene Faust aus, ob Sie glutenhaltige Kost nach einer symptomfreien Zeit wieder vertragen. Gehen Sie davon aus, dass die Beschwerdefreiheit allein das Resultat Ihrer glutenfreien Ernährung ist. Das Ausprobieren von glutenhaltigen Lebensmitteln bedeutet immer ein sehr hohes Rückfallrisiko und steigert das Darmkrebsrisiko.

9. Sind einzelne Ernährungsfehler wirklich so schlimm?

Ein einziger Ernährungsfehler kann einen sofortigen Krankheitsausbruch auslösen. Es können jedoch auch keine spürbaren Symptome auftreten. In jedem Fall bedeutet ein Fehler in der Ernährung eine erneute Schädigung des Darmes und eine Belastung des Immunsystems. Damit steigt das Risiko, an einem bösartigen Tumor zu erkranken.

Praxis – Leben mit Zöliakie

Ist Zöliakie heilbar?

Grundsätzlich nein. Einzelne Fälle einer scheinbaren Heilung sind zwar bekannt, doch kann es sich hierbei auch um eine falsche vorhergehende Diagnose handeln. Bei einer sicheren Diagnose muss von einer lebenslangen Unverträglichkeit ausgegangen werden. Alle Berichte und Wundermittel, die das Gegenteil versprechen, sollten kritisch hinterfragt werden.
Bei Kleinkindern, bei denen die Diagnose vor dem zweiten Lebensjahr gestellt wurde, konnte selten eine Heilung beobachtet werden. Diese Möglichkeit muss aber durch genaue und regelmäßige Untersuchungen bestätigt werden, da das Risiko einer Schädigung zu hoch wäre.
Durch eine glutenfreie Ernährung kann zwar keine Heilung, aber eine vollständige Beschwerdefreiheit erreicht werden.

➤ Symptome einer Zöliakie

- Verdauungsstörungen
- Durchfall
- Fettige, massige Stühle
- Blähungen
- Übelkeit
- Müdigkeit
- Abgeschlagenheit
- Krankheitsgefühl
- Depressionen
- Appetitlosigkeit
- Heißhungerattacken
- Gewichtsabnahme
- Bei Jugendlichen:
  – verzögerte Pubertät
  – Wachstumsstillstand

Behandlung: glutenfreie Ernährung

Die einzige Behandlungsmöglichkeit bei einer Zöliakie ist die absolut glutenfreie Ernährung. Medikamente gibt es bis heute nicht. Während einer akuten Krankheitsphase gibt es jedoch verschiedene Möglichkeiten, die gereizte Darmschleimhaut zu beruhigen und den Darm bei seiner Heilung zu unterstützen. Ein ganzheitlich orientierter Arzt oder Heilpraktiker kann Ihnen dabei helfen.
Da auch Stress im Verdacht steht, an der Zöliakie beteiligt zu sein, versuchen Sie solche Situationen zu vermeiden, oder erlernen Sie eine Methode, mit Stress besser umzugehen, wie z. B. Autogenes Training, Feldenkrais oder Yoga. Mittlerweile gibt es auch spezielle Entspannungsmethoden für den Magen-Darm-Bereich. Bewegung, frische Luft und Atemübungen ergänzen die Behandlung.
Eine geschädigte Darmschleimhaut ist besonders durchlässig für Schadstoffe aller Art. Bevorzugen Sie deshalb Lebensmittel aus biologischem Anbau und verzichten Sie auf so genannte Genussmittel wie Tabak, Alkohol oder Süßigkeiten.

Kann einer Zöliakie vorgebeugt werden?

Da die Ursachen der Zöliakie nicht geklärt sind, gibt es für Erwachsene keine eindeutigen Empfehlungen für eine Vorbeugung. Ratsam ist die Einhaltung einer allgemein möglichst gesunden Lebensweise und Ernährung.
Babys von Eltern mit einer Zöliakie sollten möglichst mindestens 6 Monate gestillt werden. Dadurch kann sich die Darmflora und das Immunsystem optimal entfalten. Die möglichst späte Zufütterung vermeidet einen frühen Kontakt mit dem eventuell unverträglichen Getreide. Jede Lebensmittelsorte sollte einzeln ausprobiert werden. Insbesondere bei der ersten Fütterung von getreidehaltiger Kost sollte aufmerksam auf Reaktionen geachtet werden. Reagiert das Kind mit Erbrechen, Blähungen und Durchfall, darf der Brei nicht wieder gefüttert werden. Auf keinen Fall sollten Eltern mit einer Zöliakie ihrem Kind glutenhaltige Nahrungsmittel vorenthalten, ohne dass eine Zöliakie sicher diagnostiziert wurde. Nur aus Verdacht sollte Getreide weder bei Erwachsenen noch bei Kindern aus dem Speiseplan gestrichen werden. Wichtig ist, bei entsprechenden Symptomen die Ursache abklären zu lassen.
Sicherheitshalber kann in zöliakiebetroffenen Familien bei Kindern ein Bluttest durchgeführt werden. Ist das Untersuchungsergebnis negativ und zeigen sich keine Symptome, kann mit großer Sicherheit von einer Zöliakiefreiheit ausgegangen werden. Fällt der Test positiv aus, sollte zur Sicherheit eine Biopsie durchgeführt werden.

Diät als Krebsschutz

Menschen mit einer Zöliakie haben kein höheres Gesundheitsrisiko – vorausgesetzt die glutenfreie Ernährung wird eingehalten. Bedingt durch das eingeschränkte Speisenangebot sollte auf eine rundum ausgewogene Ernährung geachtet werden. Dies bietet die Chance einer besonders gesunden Ernährung, die allgemeinen Gesundheitsrisiken vorbeugt. Nur bei Nichteinhaltung der Diät steigt das Risiko der genannten Folgeerscheinungen und Begleiterkrankungen. Bereits die kleinsten Mengen Gluten können den Darm schädigen. Das Risiko an Darmkrebs zu erkranken steigt dann um das Zehnfache.

➤ Symptome bei Kleinkindern

- Wachstumsstörungen
- allgemeine Gedeihstörungen
- Blähungen
- aufgeblähter Bauch
- Durchfälle
- Fettige, massige Stühle
- Blässe
- Erbrechen
- Wesensveränderungen
- Weinerlichkeit
- Desinteresse
- Zurückgezogenheit
- Appetitlosigkeit
- Muskelschwäche

Was tun bei Diätfehlern?

Generell sollte immer strengstens darauf geachtet werden, Diätfehler zu vermeiden. Ein „bisschen“ glutenfrei gibt es nicht. Auch wenn versehentlich glutenhaltige Lebensmittel verzehrt wurden, müssen nicht unbedingt sofort spürbare Beschwerden einsetzen. Trotzdem wird das Immunsystem aktiviert und die Darmschleimhaut geschädigt. Deshalb ist jeder Diätfehler ein Risiko für die eigene Gesundheit. Treten Bauchschmerzen und Durchfall auf, sollte die Ursache herausgefunden werden, um Wiederholungsfehler zu vermeiden.

Der Darm – geschwächtes Abwehrsystem

Der Dünndarm

Während unsere Außenhaut nur 2 m^2 groß ist, hat die „Innenhaut“ unseres Verdauungstrakts eine Größe von 500 bis 700 m^2. Der von einer Zöliakie betroffene Dünndarm ist daran mit 120 m^2 auf einer Länge von 3 bis 5 Metern beteiligt. Dies ist nur durch einen hochkomplexen Aufbau möglich: in sich auf engstem Raum zusammengefaltet, wird die Schleimhautoberfläche von ca. 600 ringförmigen Falten auf 1 m^2 vergrößert. 1 mm^3 dieser Schleimhaut trägt bis zu 40 Dünndarmzotten, die mit einer Höhe von 1 mm und einem Durchmesser von 0,1 mm die Oberfläche auf 5 – 6 m^2 vergrößern. 1 mm^3 jeder einzelnen Dünndarmzotte besteht wiederum aus 200 Millionen so genannter Mikrovilli. Ausgebreitet ergäbe dies die Größe eines Fußballplatzes.
Diese große Oberfläche mit ihrem komplizierten Aufbau ist für eine ausreichende Resorption der Nahrung notwendig. Jede Zotte besteht aus kleinsten Arterien und Venen und ist mit einem Netz von Blutkapillaren und Lymphgefäßen durchzogen. Durch dieses Netz können die Nährstoffe aufgenommen und in das Blut weitergeleitet werden. Bei der Zöliakie zerstört eine ständige Entzündung diese Zotten. Neue Zotten können nicht mehr nachwachsen. Medizinisch nennt man dies eine „Zottenatrophie“. Statt einer lebendigen „Hügellandschaft“ entsteht eine glatte Fläche, die mit ihrer viel geringeren Oberfläche die Nahrungsbestandteile nicht ausreichend resorbieren kann.

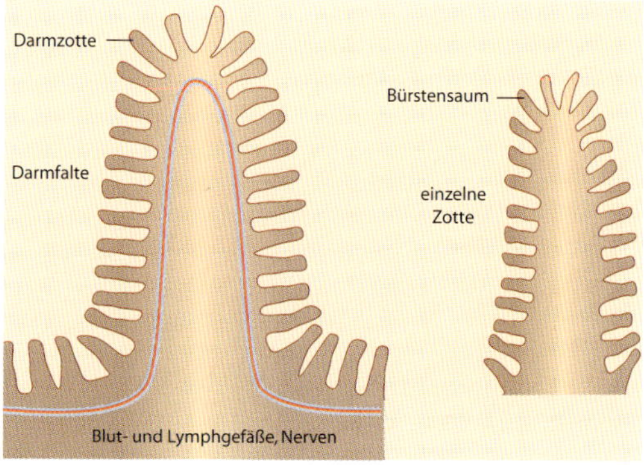

Die Darmschleimhaut faltet sich in Falten, Zotten und Bürstensaum auf. So wird die Darmoberfläche auf das 200fache vergrößert.

Die Darmflora

Der Nahrungsbrei muss zuerst jedoch in seine kleinsten chemischen Einzelteile zerlegt werden. Billionen von gesunden Bakterien leben in unserem Darm, um diese Aufgabe für uns zu erfüllen. Dieses Ökosystem nennen wir „Darmflora“. Die gesunde Zusammensetzung der Darmflora ist von der Art der Nahrung und unserer Lebensweise abhängig. Unser Gesundheitszustand wird direkt von unserer Darmflora beeinflusst. Bei der Zöliakie ist die Zusammensetzung der Darmflora nicht mehr so optimal, dass sie für unsere Gesundheit sorgen kann.

Der Darm als unser größtes Abwehrsystem

Sowohl Außen- als auch Innenhaut stellen die Grenze unseres Körpers zur Außenwelt dar. An dieser Grenze muss dafür gesorgt werden, dass lebensnotwendige Stoffe in den Organismus eintreten können; lebensgefährliche Stoffe aber draußen bleiben. Mit der Nahrung, die wir zu uns nehmen, schleusen wir mehrmals täglich eine gefährliche Mischung durch unseren Verdauungskanal – neben gesunden Nährstoffen enthält dieser Brei eine Vielzahl von ungesunden Bestandteilen wie Bakterien oder Pilze, die der Körper erkennen, inaktivieren und ausscheiden muss.

Deshalb ist der größte Teil des Immunsystems (70–80 %) im Darm angesiedelt. Hier sorgt es an Ort und Stelle für einen möglichst reibungslosen Ablauf und ist damit ausschlaggebend für den Erhalt unserer Gesundheit verantwortlich.

Das Immunsystem

Spezielle Zellen sind darauf programmiert, Fremdstoffe zu erkennen und auszuschalten. Bei einem ersten Kontakt werden sie genau auf diesen Fremdstoff programmiert. Kommt der Organismus ein zweites Mal mit ihm in Berührung, erkennen die Zellen ihn wieder, docken sich sofort an und sorgen dafür, dass er keinen Schaden anrichten kann. Man nennt dies das „Schlüssel-Schloss-Prinzip“.

Dieser lebensnotwendige Vorgang kann sich auf Stoffe ausweiten, die an und für sich nicht schädlich sind. Das Immunsystem reagiert überempfindlich und erkennt in normalen Bestandteilen feindliche Eindringlinge. Über kurz oder lang spielt das Immunsystem verrückt – eine Allergie ist entstanden.

Im Falle der Zöliakie wird der Getreidebestandteil Gluten fälschlicherweise als schädlicher Stoff erkannt. Das Immunsystem wird durch den Erreger – das „Antigen“ – alarmiert und produziert Abwehrzellen: die „Antikörper“. Diese Antikörper verursachen eine Entzündung der Darmschleimhaut und schädigen damit das körpereigene Gewebe. Deshalb spricht man bei der Zöliakie auch von einer „Autoimmunkrankheit“. Die genauen Abläufe im Körper sind noch immer nicht vollständig geklärt.

➤ Das schädigt den Darm

- Denaturierte Nahrungsmittel
- Fast Food
- Schwerverdauliches
- Zucker
- Zu viel Fett
- Zu wenig Flüssigkeit
- Alkohol
- Nikotin
- Medikamente
- Stress und Kummer
- Flache Atmung
- Enge Kleidung (Hosen, Röcke)
- Zu wenig Bewegung
- Schnelles Essen

➤ Das unterstützt den Darm

- Frische Lebensmittel
- Schonende Zubereitung
- Ballaststoffe
- Leichtverdauliches
- Viel Flüssigkeit (stilles Wasser)
- Kräutertees
- Bewegung
- Entspannung
- Atemübungen
- Frische Luft
- Ausgiebiges Kauen
- Symbioselenkung
- Homöopathie
- Positive Lebenseinstellung

Wichtiges für den Alltag

1. Treten bei Ernährungsfehlern sofort wieder Symptome auf?

Werden glutenhaltige Lebensmittel konsumiert, bedeutet das nicht zwingend unmittelbar spürbare Beschwerden. Eine Schädigung des Darms macht sich nicht sofort mit Symptomen bemerkbar. Durch Stress oder eine andere Beeinträchtigung kann die Krankheit später ausbrechen. Das erfordert eine besonders strenge Disziplin.

2. Was hilft neben der glutenfreien Ernährung?

Neben der strengen Einhaltung der glutenfreien Ernährung sollte auf eine gesunde, ausgewogene Ernährung geachtet werden. Empfehlenswert sind alle Nahrungsmittel, die den Darm nicht unnötig belasten oder reizen. Schwerverdauliches, Scharfes und Saures sollte gegen Mildes und Ballaststoffreiches getauscht werden.

3. Bekomme ich durch die glutenfreie Ernährung einen Nährstoffmangel?

Bei der glutenfreien Ernährung müssen Sie zwar einige Lebensmittel von Ihrem Speisezettel streichen, doch eine Mangelernährung brauchen Sie deshalb nicht zu befürchten. Eine ausgewogene Ernährung mit frischen Zutaten beugt einem Nährstoffmangel vor. Kaufen Sie möglichst saisonale Lebensmittel aus biologischem Anbau und bereiten Sie diese schonend zu.

4. Ist die Einnahme von Nahrungsergänzungsmitteln sinnvoll?

Die Einnahme von Ergänzungsmitteln kann bei Zöliakie sinnvoll sein. Sie können einen Nährstoffmangel ausgleichen und der Darmschleimhaut beim Abheilen helfen. Von einer wahllosen Einnahme ist aber abzuraten. Besprechen Sie die notwendige Ergänzung mit Ihrem Arzt oder Heilpraktiker und bevorzugen Sie hochwertige, natürliche Produkte ohne glutenhaltige Zusätze.

5. Wie kann ich die Heilung unterstützen?

Alles, was den Darm beruhigt, unterstützt seine Heilung. Dazu zählen Heilerde, Flohsamenschalen, Leinsamen oder Aloe Vera. Bei einer Übersäuerung hilft ein Basenmittel. Sprechen Sie mit Ihrem Arzt oder Heilpraktiker über eine Symbioselenkung der Darmflora. Bewegung an der frischen Luft, wenig Stress und Entspannung tragen zur Genesung bei.

6. Kann ich mit einer Zöliakie in Urlaub fahren?

Damit Sie sich im Urlaub erholen können und nicht das Risiko eines Rückfalls eingehen müssen, planen Sie Ihren Urlaub gut. Informieren Sie sich vorher über Einkaufsmöglichkeiten und nehmen Sie gegebenenfalls glutenfreie Lebensmittel mit. Suchen Sie sich eine Unterkunft, wo glutenfrei gekocht wird oder Sie sich selbst verpflegen können. Hilfreich ist die Broschüre „Sorglos reisen" von der DZG.

7. Wie verhalte ich mich bei Einladungen?

Informieren Sie Ihren Gastgeber über Ihre Bedürfnisse und fragen Sie, ob es glutenfreie Gerichte gibt. Vielleicht kann auf Sie Rücksicht genommen werden oder Sie können ein glutenfreies Gericht mitnehmen. Bei Einladungen zum Kaffeetrinken wird sich jeder Gastgeber über einen mitgebrachten Kuchen freuen.

8. Zöliakie und Essengehen

Im Restaurant sind Sie darauf angewiesen, anhand der Speisekarte möglichst glutenfreie Gerichte auszuwählen und den Koch nach Zutaten und Zubereitung zu fragen. Die DZG hat Restaurantkärtchen mit der „Bitte an den Koch" in verschiedenen Sprachen herausgegeben. Diese enthalten die wichtigsten Informationen zur glutenfreien Ernährung.

9. Was mache ich bei einem Krankenhausaufenthalt?

Krankenhausküchen sind auf die Zubereitung von Diäten eingerichtet. Müssen Sie planmäßig in ein Krankenhaus, klären Sie das Personal vorher über Ihre Bedürfnisse auf. Trotzdem können Fehler passieren, so dass Sie alle Mahlzeiten immer überprüfen müssen. Werden Sie wegen eines Notfalls eingeliefert, sorgen Sie oder Ihre Angehörigen für umgehende Meldung. Die DZG bietet alle notwendigen Informationen für einen Krankenhausaufenthalt.

Die Diagnose

Möglichkeiten und Sicherheiten

Um eine zuverlässige Diagnose zu erhalten, müssen ein Antikörpertest und eine Biopsie durchgeführt werden. Nur wenn beide Ergebnisse übereinstimmen, ist die Diagnose wirklich sicher. Fallen die Testergebnisse unterschiedlich aus, sollten andere mögliche Ursachen abgeklärt werden. Weist die Darmschleimhaut trotz negativem Bluttest eine Schädigung auf, sollte eine glutenfreie Ernährung eingehalten werden. Zur Sicherheit sollte zu einem späteren Zeitpunkt eine Kontrollbiopsie durchgeführt werden.

Das körpereigene Immunsystem erkennt Bestandteile von Gluten als Antigen und produziert Antikörper. Diese können durch einen Bluttest nachgewiesen werden. Neben den Antikörpern der Klasse IgA sollten die der Klasse IgG getestet werden, da 2% aller Zöliakiebetroffenen einen IgA-Mangel aufweisen. Seit 1997 werden zusätzlich zu den Gliadin-Antikörpern auch die Transglutaminase-Antikörper getestet, denn nur diese finden sich bei Zöliakie.

Für eine Dünndarm-Biopsie wird ein Endoskop oder eine Biopsiekapsel durch den Mund in den oberen Dünndarm eingeführt. Dort kann der Arzt kleine oberflächige Proben entnehmen. Die Untersuchung kann mit örtlicher Betäubung durchgeführt werden und ist absolut unproblematisch.

Beide Untersuchungen sollten während einer akuten Krankheitsphase durchgeführt werden, um eine sichere Diagnose zu liefern. Wird zur ersten Abklärung einer Zöliakie bereits eine glutenfreie Diät eingehalten, ist das Untersuchungsergebnis nicht aussagekräftig. Zur Sicherheit können später jährliche Kontrolluntersuchungen folgen.

Mögliche Begleiterkrankungen

- Diabetes mellitus
- Rheumatische Beschwerden
- Nierenerkrankungen
- Morbus Crohn/Colitis ulcerosa
- Hauterkrankungen
- Gastritis
- Laktoseintoleranz
- Allergien

Biopsie	Bluttest	Diagnose	Behandlung
Positiv	Positiv	**Sicher positiv**	Glutenfreie Ernährung
Negativ	Negativ	**Sicher negativ**	Keine glutenfreie Ernährung
Positiv	Negativ	**Evtl. Zöliakie mit IgA-Mangel**	IgG-Bestimmung Glutenfreie Ernährung Kontrollbiopsie
Negativ	Positiv	**Evtl. Überempfindlichkeit ohne akute Krankheitszeichen**	Keine glutenfreie Ernährung Kontrollbiopsie

Mein Kind hat Zöliakie

Was soll ich tun?

Die glutenfreie Ernährung von Säuglingen und Kleinkindern stellt normalerweise keine großen Schwierigkeiten dar. Problematisch wird es, wenn das Kind Unterschiede zwischen seiner erlaubten glutenfreien und der verbotenen „normalen“ Kost entdeckt. Damit es sich innerhalb der Familie nicht als Außenseiter fühlt, ist es ganz wichtig, dass sich die ganze Familie glutenfrei ernährt. Freunde und besonders deren Eltern sollten von Ihnen über die Notwendigkeit der glutenfreien Ernährung aufgeklärt werden. Ebenso müssen Erzieher im Kindergarten und Lehrer in der Schule informiert sein. Wichtig ist ein unkomplizierter, ehrlicher und sachlicher Umgang mit dem Thema. Das Kind sollte weder im positiven noch im negativen Sinn das Gefühl bekommen, etwas „Besonderes“ zu sein.

Mittagessen im Kindergarten

Klären Sie die Betreuer im Kindergarten oder in der Mittagsbetreuung ausführlich über die Zöliakie auf. Weisen Sie auf die Folgen von Diätfehlern hin, damit die Einhaltung der glutenfreien Ernährung ernst genommen wird. Achten Sie darauf, ob Betreuer wechseln und informieren Sie immer persönlich. Wird im Kindergarten selber gekocht, ist es fraglich, ob auf die Bedürfnisse Rücksicht genommen werden kann und tatsächlich keine Fehler passieren. Geben Sie Ihrem Kind deshalb vorsichtshalber selbst gekochte Speisen mit. Wird der Kindergarten von einer Großküche beliefert, fragen Sie dort nach, ob eine glutenfreie Kost möglich ist.

Kindergeburtstagsfeiern

Ist das zöliakiebetroffene Kind auf eine Geburtstagsfeier eingeladen, sprechen Sie sich vorher mit den Eltern des Geburtstagskindes ab und geben Sie ihm selbst gebackenes glutenfreies Gebäck oder Essen mit. Verlassen Sie sich nur dann darauf, dass es glutenfreies Essen gibt, wenn Sie sicher sein können, dass die Eltern sich mit der Zubereitung auskennen und keine Fehler passieren können.

Diesen Schokoladenkuchen können Sie bedenkenlos für eine Kindergeburtstagsfeier backen:
Für 12 Stück: 250 g Schokolade, 250 g Butter, 150 g Zucker, 8 Eigelb, 5 Eiweiße, 160 g gemahlene Haselnüsse

Schokolade im heißen Wasserbad schmelzen. Butter in Stücke schneiden, mit dem Zucker schaumig rühren. Eigelbe unterrühren. Geschmolzene Schokolade zufügen. Eiweiße steif schlagen, die Haselnüsse vorsichtig unterheben. Eiweiß-Haselnuss-Masse unter den Teig heben. Den Teig in die Form füllen und den Kuchen bei 160° 35 Min. backen.

Schulausflüge und Klassenfahrten

Geben Sie Ihrem Kind für einen Ausflug ausreichend Verpflegung mit, so dass es nicht auf Fremdverpflegung angewiesen ist. Bei einer Klassenfahrt muss sichergestellt sein, dass die Küche glutenfreie Mahlzeiten zubereiten kann. Fragen Sie vor Ort rechtzeitig nach, ob dies möglich ist. Bei der DZG gibt es Unterlagen, die an die Küche und den Koch weitergegeben werden können. Geben Sie Ihrem Kind Lebensmittel wie Brot, Gebäck und Süßigkeiten mit.

Allgemeines

1. Worauf sollte ich in der Anfangsphase noch achten?

Bei Schwierigkeiten mit der Fettverdauung sollten Sie auf leicht verdauliche MCT-Fette ausweichen. Beachten Sie die allgemeingültigen Grundlagen einer gesunden Ernährung und einen möglichst hohen Ballaststoffanteil in der Nahrung. Verzichten Sie aber auf blähende Lebensmittel wie Kohl, Zwiebeln, Lauch und Hülsenfrüchte.

2. Kann ich mich auf die Inhaltsangaben verlassen?

Nach EU-Recht besteht ab November 2005 für Lebensmittel und Zutaten, die Allergien und Unverträglichkeiten auslösen können, eine vollständige Kennzeichnungspflicht. Glutenhaltige Lebensmittel und Lebensmittel mit glutenhaltigen Zusatzstoffen müssen dann gekennzeichnet werden. Statt der allgemeinen Bezeichnung muss die konkrete Quelle angegeben werden.

3. Was ist „glutenfreie Weizenstärke"?

Bei der Produktion von Weizenstärke fällt Primastärke oder „A-Stärke" mit bis zu 0,5 % Eiweiß und Sekundastärke oder „B-Stärke" mit bis zu 5 % Eiweiß an. Sekundastärke ist für die glutenfreie Ernährung absolut ungeeignet. Allgemeine Lebensmittel mit einem geringen Anteil an Stärke dürfen Primastärke enthalten und sind in den Listen der DZG gekennzeichnet. Lebensmittel mit einem hohen Anteil Getreide dürfen ausschließlich diätetische Weizenstärke mit einem Eiweißgehalt von unter 0,3 % enthalten. Diese Lebensmittel sind als glutenfrei gekennzeichnet.

4. Gibt es Diätkostenzuschüsse?

Generell zahlen die Krankenkassen keine Zuschüsse zu Diäten. Trotzdem sollten Sie bei Ihrer Krankenkasse nachfragen. Beim Versorgungsamt können Sie einen Behindertenausweis beantragen. Bei einer Zöliakie erhalten Sie normalerweise einen Grad der Behinderung von 20 %. Ein höherer Grad wird nur bei zusätzlichen Beeinträchtigungen anerkannt. Steuerfreibeträge gibt es erst ab 25 %. Für die Bundeswehr gelten Zöliakiebetroffene als wehruntauglich.

5. Darf ich mit Zöliakie Blut spenden?

Da es weder national noch international Richtlinien für Blutspendedienste gibt, entscheidet der untersuchende Arzt über die Spendefähigkeit. Prinzipiell stellt Zöliakie keinen Ausschlussgrund dar, vorausgesetzt, es liegen keine akuten Krankheitssymptome vor. Bei akuten Krankheitssymptomen sind Blutspenden generell verboten.

6. Was ist eine Laktoseintoleranz?

Bei einer Laktoseintoleranz handelt es sich um eine Unverträglichkeit gegen Milchzucker. In einer akuten Krankheitsphase der Zöliakie tritt häufig gleichzeitig eine Laktoseintoleranz auf, da der Dünndarm das notwendige Enzym Laktase nicht mehr produziert. Eine Laktoseintoleranz kann durch einen Atem- oder Bluttest abgeklärt werden. Ist das Ergebnis positiv, muss auf alle Milchprodukte sowie auf alle Nahrungsmittel mit Milchzucker verzichtet werden. Informationen bietet das Buch „Gesund essen bei Laktoseintoleranz".

7. Wie zeigt sich Dermatitis herpetiformis Duhring?

D.h.D. oder Morbus Duhring ist eine Hautkrankheit, die häufig mit einer Zöliakie einhergeht. Im akuten Stadium folgen dem Juckreiz kleine Bläschen, bevorzugt an Ellenbogen, Knien und Kopf. Durch eine Hautprobe kann die Krankheit diagnostiziert werden. Bei einem positiven Ergebnis sollte immer auf Zöliakie untersucht werden, da die Hautkrankheit oftmals an eine stumme Zöliakie gekoppelt ist. Morbus Duhring kann medikamentös behandelt werden, dabei sollten Nutzen gegenüber Risiko gründlich abgewogen werden. Häufig ist auch Jod der Auslöser. Betroffene müssen Gluten und Jod aus ihrer Ernährung streichen.

Erste Hilfe nach der Diagnose

Gehen Sie gezielt vor

Angst, Unsicherheit und Frustration sind in den ersten Tagen nach der Diagnose ganz normal. Versuchen Sie trotzdem, dankbar zu sein, dass die Ursache für die Beschwerden erkannt wurde und Sie nun handeln können. Werden Sie Mitglied der „DZG", suchen Sie eine Selbsthilfegruppe in Ihrer Nähe auf und gehen Sie in den folgenden Tagen ganz gezielt und planmäßig vor.

- Beziehen Sie alle Haushaltsmitglieder mit ein. Informieren Sie Bekannte und Verwandte, insbesondere wenn es sich um ein Kind mit Zöliakie handelt.
- Reinigen Sie alle Küchenutensilien, insbesondere Toaster, Brotkorb und Brotschneidemaschine oder ersetzen Sie diese durch Neuanschaffungen.
- Ersetzen Sie alle Nutzgegenstände aus Holz, da sich in den Rillen glutenhaltige Reste festgesetzt haben können.
- Bereiten Sie glutenhaltige und glutenfreie Kost immer getrennt zu und zwar möglichst zuerst die glutenfreien und anschließend die glutenhaltigen Gerichte.
- Vermeiden Sie generell die Benutzung von denselben Küchenutensilien für die Zubereitung von glutenhaltigem und glutenfreiem Essen.
- Benutzen Sie verschiedene, gekennzeichnete Spültücher, Geschirr- und Handtücher.
- Reinigen Sie alle Geräte zum Kochen, Braten, Backen und Frittieren.
- Verwenden Sie kein Frittierfett, in dem vorher möglicherweise glutenhaltige Nahrungsmittel zubereitet wurden.
- Lagern Sie glutenhaltige und glutenfreie Lebensmittel immer getrennt und beschriften Sie alle Aufbewahrungsbehälter deutlich, damit eine Verwechslung ausgeschlossen ist.
- Achten Sie immer darauf, dass Aufbewahrungsbehälter wie Gläser oder Dosen gründlich gereinigt werden, wenn sich vorher glutenhaltige Reste in ihnen befanden.
- Überprüfen Sie alle gelagerten Lebensmittel wie Gewürze, Brühe, Tees auf Gluten.
- Kennzeichnen Sie Backformen, Backbleche und Einsätze für Backautomaten für glutenfreies Backwerk oder benutzen Sie Backpapier.
- Lagern Sie glutenhaltiges und glutenfreies Brot immer getrennt.
- Benutzen Sie verschiedene Brotkörbe und verschiedene Toaster.
- Waschen Sie das Brotmesser immer sorgfältig oder benutzen Sie zwei verschiedene Messer.

Versteckte Diätfehler vermeiden

- Studieren Sie die „Aufstellung glutenfreier Lebensmittel und Arzneimittel“ der DZG.
- Lernen Sie die Lebensmittel-Kennzeichnung deuten und nehmen Sie sich während des Einkaufs genügend Zeit für das Lesen der Inhaltsangaben.
- Informieren Sie sich über das Angebot glutenfreier Lebensmittel in den Geschäften, die Ihnen zugänglich sind.
- Erweitern Sie Ihre Einkaufsmöglichkeiten durch Reformhaus, Naturkostladen und Internet.
- Kontrollieren Sie Medikamente, Zahnpasta, Mundpflegemittel und Lippenstifte und ersetzen Sie diese gegebenenfalls.
- Lebensmittel, die nicht als glutenfrei gekennzeichnet sind, können mit glutenhaltigen Resten verunreinigt sein.
- Lassen Sie kein Getreide im Reformhaus mahlen, da in der Getreidemühle sicher schon einmal glutenhaltiges Getreide verarbeitet wurde.
- Beim Kauf einer eigenen Getreidemühle achten Sie darauf, dass diese nur mit glutenfreiem Getreide eingemahlen wird.

Hier kann sich Gluten verstecken

- Arzneimittel
- Vitaminpräparate
- Lippenstifte, Lippenpflegemittel
- Zahnpasta, Mundpflegemittel
- Gewürzmischungen
- „...erzeugnisse“
- Light-Produkte
- Eiscreme
- Fruchtschnitten
- Teemischungen
- Malzprodukte
- Zusatzstoffe
- Aromen
- Farbstoffe
- Knetmasse

Wildreis stand durch seine nahe botanische Verwandtschaft zum Hafer lange Zeit im Verdacht, glutenhaltig zu sein. Nach neuesten Erkenntnissen der DZG hat sich dieser Verdacht aber nicht bestätigt.

Glutenfrei backen

Muss ich mein Brot selbst backen?

Wenn Sie keine Bezugsquelle für frisches glutenfreies Brot haben, dann sind Sie nur mit selbst gebackenem Brot auf der sicheren Seite. Selbst gebackenes Brot ist meistens schmackhafter und in jedem Fall preisgünstiger als gekauftes glutenfreies Brot. Sie können verschiedene Rezepte ausprobieren und nach Ihrem Geschmack abwandeln.

Lohnt sich der Kauf eines Brotbackautomaten?

Brot wird im Backofen mit Ober-/Unterhitze oder im Umluftbackofen gebacken. Ein Brotbackautomat kann die Arbeit jedoch erheblich erleichtern. Der Vorteil eines Brotbackautomaten liegt darin, dass die Knetphase und die Ruhezeiten im Brotbackautomaten optimal ablaufen können und dass die Backformen in kurzer Zeit gefüllt sind.

Welches Mehl kann ich mischen?

Mais-, Reis- und Buchweizenmehl können mit Kartoffel- oder Maisstärke und Johannisbrotkernmehl gemischt werden. Das Buchweizenmehl kann durch Amaranth-, Kastanien-, Kichererbsen- oder Quinoamehl ersetzt werden. Diese speziellen Mehle finden Sie im Bioladen oder Reformhaus.

Was kann ich als Bindemittel verwenden und was macht den Teig lockerer?

Guarkernmehl, Johannisbrotkernmehl oder Pfeilwurzmehl sind als Bindemittel gut geeignet. Zum Auflockern des Teiges verwenden Sie Obstessig. Dazu einfach 1–3 TL in den Teig rühren und weiterverarbeiten.

Was macht den Brotteig geschmeidiger?

Um die Verarbeitungs- und Backeigenschaften von Brot zu verbessern, ist der so genannte Flohsamen (Psyllium Plantago) sehr gut geeignet. Der Flohsamen hat besonders gute Quelleigenschaften. Er nimmt dadurch sehr viel Flüssigkeit auf und hält diese besser im glutenfreien Gebäck. Flohsamen ist die Samenkapsel einer Wegerich-Art. Er hält erst seit kurzem Einzug in die glutenfreie Küche, findet sich aber wegen seiner guten Eigenschaften mittlerweile als Bestandteil einiger Fertigmehle wieder.

Wie verwende ich Flohsamen?

1–2 TL Flohsamen in die Flüssigkeit, die für das Brot benötigt wird, rühren, 10 Min. quellen lassen und zum Teig geben. Dann wie gewohnt weiterverarbeiten. Gemahlener Flohsamen wird beispielsweise unter der Bezeichnung Fiber-Husk verkauft. Sie können ihn aber auch ungemahlen in der Apotheke kaufen und dann selbst mahlen.

Was lässt den Brotteig besser aufgehen?

Alle Zutaten sollten Zimmertemperatur haben. Den Teig nur einmal gehen lassen. Dazu den Ofen kurz auf 50 °C aufheizen, ausschalten und den Teig in einer mit einem feuchten Tuch bedeckten Schüssel in den Ofen stellen. Im Hochsommer, bei hohen Außentemperaturen kann sich die Ruhezeit verkürzen, im Winter in der Küche verlängern.

Wie kann ich glutenfreie Backwaren in Form bringen?

Backen Sie das Brot in einer Kastenform oder in einer speziellen runden oder ovalen Brotbackform. Brötchen können mit nassen Händen geformt und dann in Sesam-, Mohn- oder Sonnenblumenkerne getaucht werden. Aus den Teigen lassen sich auch Schnecken, Kringel, Brezen oder Fladen formen.

Wie bekommt das Brot eine schöne Kruste?

Damit das Brot eine kräftige Kruste entwickelt, den Teig vor dem Backen mit etwas lauwarmem Wasser, Kaffee, lauwarmer Milch, mit etwas Wasser oder in Öl verquirltem Eigelb bestreichen. Das Bestreichen mit Eiweiß oder Eigelb verleiht dem Brot zusätzlich eine glänzende Oberfläche.
Stellen Sie außerdem zum Backen ein feuerfestes Schälchen mit Wasser in den Backofen, das verhindert das Austrocknen.

Die Rezepte – mit Genuss glutenfrei kochen und backen

Fällt Ihnen die Umstellung auf eine glutenfreie Ernährung noch schwer, weil Sie nicht wissen, welche Ersatzprodukte sich zum Kochen und Backen eignen?

Kein Problem, dieses Kapitel zeigt Ihnen, wie man auch ohne Gluten die besten Rezepte auf den Tisch zaubern kann. Die Angabe der Hersteller in den Zutatenlisten erleichtert Ihnen die Auswahl der Produkte.

Alle Rezepte sind garantiert glutenfrei, abwechslungsreich – und das Wichtigste: Sie schmecken einfach gut.

Genießen Sie ohne Bedenken! Die Suppen und Saucen, eine große Auswahl an pikanter Bäckerei, süße Köstlichkeiten, leckere Kuchen und Torten sowie die Hauptgerichte werden Sie und Ihre Familie schnell davon überzeugen, dass man auf Gluten in der Küche gut verzichten kann.

Gemüsebrühe mit Maisgrießklößchen

FÜR 4 PERSONEN
350 ml Gemüsebrühe
140 g Maisgrieß
Salz, Pfeffer, Muskatnuss
1 Ei
1 EL Sahne
3 EL gehackte frische Kräuter (z.B. Petersilie, Schnittlauch)
1 l Gemüse- oder Fleischbrühe

ZUBEREITUNG: ca. 35 Min.

1. Die Gemüsebrühe zum Kochen bringen. Maisgrieß einrieseln lassen, nochmals aufkochen. Unter dauerndem Rühren ca. 5 Min. köcheln lassen. Auf der ausgeschalteten Herdplatte 15 Min. quellen lassen.
2. In einem großen Topf Salzwasser zum Kochen bringen. Die Masse mit Salz, Pfeffer und Muskatnuss abschmecken und etwas abkühlen lassen. Das Ei mit der Sahne verquirlen und mit 2 EL gehackten Kräutern unter die Masse geben.
3. Mit zwei Teelöffeln Nocken abstechen und in kochendes Salzwasser geben. Einige Min. ziehen lassen, bis die Klößchen oben schwimmen. In heißer Gemüse- oder Fleischbrühe servieren. Mit 1 EL gehackten Kräutern bestreuen.

TIPP

Die Gemüsebrühe können Sie frisch aus verschiedenen Gemüsesorten zubereiten oder wahlweise auch Instant-Gemüsebrühe verwenden.

VARIANTE

Als kleine Abwandlung mischen Sie 4 EL Parmesankäse unter den Kloßteig.

Nährwerte pro Portion:
220 kcal • **5 g** Eiweiß • **6 g** Fett • **33 g** Kohlenhydrate

Pilzcremesuppe

FÜR 4 PERSONEN
750 ml Gemüsebrühe
1 Zwiebel
200 g frische Pilze (z.B. Champignons oder Austernpilze)
2 EL Rapsöl
3 EL helles glutenfreies Mehl
50 ml Milch
50 ml Sahne
50 ml Weißwein (ersatzweise 2 Scheiben glutenfreier Schmelzkäse)
1 EL Zitronensaft
Salz, Muskatnuss
weißer Pfeffer, frisch gemahlen
2 EL Schnittlauchröllchen

ZUBEREITUNG: ca. 20 Min.

1. Die Gemüsebrühe zum Kochen bringen. Die Zwiebel abziehen und würfeln. Die Pilze putzen und in Scheiben schneiden. Einige Scheiben für die Garnitur beiseite legen.
2. Das Öl in einem Topf erhitzen. Die Zwiebel darin glasig dünsten. Die Pilze hinzufügen und 2 Min. anbraten. Mit Mehl bestäuben und 2 Min. unter Rühren weiterbraten. Die heiße Gemüsebrühe angießen und 6–8 Min. bei niedriger Temperatur köcheln lassen.
3. Die Milch und die Sahne zur Suppe geben und im Mixer oder mit dem Zauberstab pürieren. Mit Wein, Zitronensaft, Salz, Muskatnuss und Pfeffer abschmecken. Mit den beiseite gelegten Pilzscheiben und den Schnittlauchröllchen bestreuen. Sofort servieren.

VARIANTE

Für eine Gemüsecremesuppe verwenden Sie anstelle von Pilzen einfach Blumenkohlröschen, Zucchiniwürfel, Broccoliröschen oder Fenchelstreifen.

Nährwerte pro Portion:
165 kcal • **2 g** Eiweiß • **9 g** Fett • **15 g** Kohlenhydrate

Christophs leckere Tomatensauce

FÜR 4 PERSONEN

1 Zwiebel
1 – 2 Knoblauchzehen
2 EL Olivenöl
400 g Tomatenfruchtfleisch in Stücken (Fertigprodukt)
3 EL Tomatenmark
Salz, Pfeffer
3 EL Rotwein (wer mag)
5 EL Sahne
1 EL gehackte frische Kräuter (z. B. Oregano, Thymian, Basilikum)

ZUBEREITUNG: ca. 30 Min.

1. Die Zwiebel und den Knoblauch abziehen und in kleine Würfel schneiden. Das Öl in einem Topf erhitzen, die Zwiebel- und Knoblauchwürfel darin unter Rühren glasig dünsten.
2. Die Tomatenstücke mit dem Saft einrühren und kurz köcheln lassen. Tomatenmark dazugeben. Mit Salz und Pfeffer abschmecken. Bei niederer Temperatur ca. 10 Min. köcheln lassen.
3. Den Rotwein hinzufügen und weitere 5 Min. köcheln lassen. Vor dem Servieren die Sahne und die Kräuter einrühren. Die Sauce passt hervorragend zu Pasta.

VARIANTEN

Die Sauce können Sie verändern mit 200 g gebratenem Rinderhackfleisch oder mit 200 g gebratenen fein gewürfelten Gemüsestückchen, z. B. Möhren, Lauch, Sellerie, Zucchini.

Nährwerte pro Portion:

140 kcal • **2 g** Eiweiß • **11 g** Fett • **5 g** Kohlenhydrate

Béchamelsauce

FÜR 4 PERSONEN

2 EL Butterfett
40 g helles glutenfreies Mehl
200 ml Gemüsebrühe
200 ml Milch
Salz, Muskatnuss
2 EL Sahne

ZUBEREITUNG: ca. 20 Min.

1. Das Butterfett in einem Topf zerlassen, das Mehl einrühren. Mit der Brühe und der Milch ablöschen. Schnell rühren, damit keine Klumpen entstehen.
2. Mit Salz und Muskatnuss würzen. Einmal aufkochen. Nach dem Aufkochen die Sahne zugeben, dann nicht mehr kochen lassen.

VARIANTEN

Mit gehackter Petersilie verfeinert, passt die Sauce gut zu Petersilien-Rahmkartoffeln.

Zu Lasagne verwenden Sie diese Sauce zusammen mit einer Tomatensauce.

Mischen Sie 50 g geriebenen Käse unter die Sauce.

Nährwerte pro Portion:

120 kcal • **2 g** Eiweiß • **10 g** Fett • **12 g** Kohlenhydrate

Pikante Grillsauce

FÜR 6 PERSONEN
2 Schalotten
3 Knoblauchzehen
1 Stange Staudensellerie
2 EL Olivenöl
6 EL Tomatenketchup (z. B. Heinz)
6 EL passierte Tomaten (Fertigprodukt)
2 EL Aceto balsamico
1 EL Dijon-Senf, 150 ml Wasser
Salz, Pfeffer
1 EL gehackte frische Kräuter (z.B. Thymian, Oregano, Basilikum)

ZUBEREITUNG: ca. 30 Min.

1. Die Schalotten und den Knoblauch abziehen und fein würfeln. Den Staudensellerie waschen, harte Fäden abziehen und fein würfeln Das Öl in einem Topf erhitzen. Schalotten- und Knoblauchwürfel darin glasig dünsten. Selleriewürfel zugeben und kurz mitdünsten.
2. Ketchup, Tomaten, Aceto balsamico, Dijon-Senf und Wasser hinzufügen und die Sauce 20 Min. köcheln lassen. Mit Salz, Pfeffer und Kräutern abschmecken.

TIPP

Die Sauce hält sich in einem Schraubglas im Kühlschrank mindestens 2 Wochen. Wenn Sie die noch köchelnde Sauce in eine heiß ausgespülte Flasche mit Schraubdeckel füllen, dann ist sie bis zum ersten Öffnen sogar bis zu 4 Monaten haltbar.

Nährwerte pro Portion:

60 kcal • **1 g** Eiweiß • **3 g** Fett • **7 g** Kohlenhydrate

Currysahnesauce

FÜR 4 PERSONEN
1 kleine Zwiebel
2 EL Olivenöl
30 g helles glutenfreies Mehl
3 TL Currypulver
250 ml Hühnerbrühe
Salz, Pfeffer, Zucker, Knoblauchpulver
200 g Sahne, 1 Eigelb

ZUBEREITUNG: ca. 20 Min.

1. Die Zwiebel würfeln. Das Öl in einem beschichteten Topf erhitzen und die Zwiebelwürfel darin glasig dünsten. Mehl und Currypulver einrühren. Die Hühnerbrühe angießen und unter Rühren einmal aufkochen.
2. Die Sauce mit Salz, Pfeffer, Zucker und Knoblauchpulver abschmecken. Die Sahne mit dem Eigelb verrühren und dazugeben. Die Sauce nur noch erhitzen, nicht mehr aufkochen.

VARIANTE

Verfeinern Sie die Currysahnesauce mit je 3 EL kleinen Ananas- und Pfirsichwürfeln.

Nährwerte pro Portion:

258 kcal • **2 g** Eiweiß • **23 g** Fett • **10 g** Kohlenhydrate

Gnocchi

mit Parmesan

FÜR 4 PERSONEN

800 g mehlig kochende Kartoffeln (am besten vom Vortag)
50 g Magerquark
1 Ei
150 g frisch geriebener Parmesan
70 g helles glutenfreies Mehl
80 g feiner Maisgrieß + etwas zum Arbeiten
Salz, Muskatnuss
30 g Butterflöckchen
Fett für die Auflaufform

ZUBEREITUNG: ca. 1 Std.
BACKZEIT: ca. 10 Min.

1. Den Backofen vorheizen. In einem großen Topf Salzwasser zum Kochen bringen. Die am Vortag gekochten Kartoffeln schälen und durch die Kartoffelpresse drücken. Mit Magerquark, Ei, 75 g Parmesan, Mehl und Maisgrieß rasch zu einem Teig verarbeiten. Mit Salz und Muskatnuss würzen.

2. Den Teig auf einem mit Maisgrieß bestreuten Backbrett zu fingerdicken Rollen formen. In 2–3 cm lange Stücke schneiden. Mit einer Gabel leicht flach drücken.

3. Die Gnocchi in kochendes Salzwasser geben und bei mittlerer Hitze ziehen lassen, bis sie an die Oberfläche kommen. Mit dem Schaumlöffel herausheben und leicht abtropfen lassen.

4. Eine Auflaufform dünn einfetten, die Gnocchi hineingeben. Mit 75 g Parmesan und den Butterflöckchen bestreuen. Im Ofen bei 200° (Mitte, Umluft 180°) 10 Min. überbacken. Dazu passt Tomatensauce und grüner oder gemischter Salat.

VARIANTE

GNOCCHI AUF BLATTSPINAT

1 kleine Zwiebel
2 Knoblauchzehen
2 EL Olivenöl
450 g Blattspinat (tiefgekühlt)
Salz, Pfeffer, Muskatnuss
3 EL Crème fraîche
150 g frisch geriebener Parmesan
Fett für die Auflaufform

Bereiten Sie die Gnocchi bis zum Ende des dritten Arbeitsschrittes nach Rezept zu. Die Form fetten. Die Zwiebel und den Knoblauch abziehen und fein würfeln. In einer Pfanne das Öl erhitzen und die Zwiebel- und Knoblauchwürfel darin glasig dünsten. Den Blattspinat zugeben und bei kleiner Hitze weiterdünsten, bis der Spinat aufgetaut ist. Mit Salz, Pfeffer und Muskatnuss würzen. Die Crème fraîche unterrühren. Die Spinatmasse in die Form geben. Die Gnocchi darauf setzen und mit dem Parmesan bestreuen. Im Ofen bei 220° (Mitte, Umluft 200°) in 15–20 Min. goldgelb überbacken.

Nährwerte pro Portion:

480 kcal • **23 g** Eiweiß • **19 g** Fett • **54 g** Kohlenhydrate

Käsespätzle

FÜR 4 PERSONEN
200 g helles glutenfreies Mehl
50 g feiner Maisgrieß
3 Eier
1 EL Öl
1 TL Salz, etwas Wasser
1 große Zwiebel
1 EL Butterfett
150 g geriebener Emmentaler
Fett für die Form

ZUBEREITUNG: ca. 30 Min.
RUHEZEIT: ca. 20 Min.
BACKZEIT: ca. 10 Min.

1. Das Mehl mit Maisgrieß, Eiern, Öl und Salz zu einem zähen Teig verrühren. Je nach Größe der Eier noch etwas Wasser zugeben – die Konsistenz des Teiges sollte einem festen Rührteig entsprechen. Den Teig 20 Min. (zugedeckt bei Zimmertemperatur) ruhen lassen, damit der Maisgrieß ausquellen kann.

2. Inzwischen in einem großen Topf Salzwasser zum Kochen bringen. Den Teig portionsweise durch eine Spätzlepresse drücken – das erfordert etwas Kraft. Die Spätzle portionsweise in kochendes Wasser geben, einmal aufkochen lassen und mit dem Schaumlöffel herausheben. In einem Sieb abtropfen lassen.

3. Den Backofen vorheizen. Die Zwiebel abziehen und fein würfeln. Das Butterfett in einer Pfanne zerlassen und die Zwiebel darin goldgelb dünsten. Eine Auflaufform dünn einfetten.

4. Die heißen Spätzle schichtweise mit dem Käse und den gebratenen Zwiebelwürfeln in die Auflaufform geben. Im Ofen auf 220° (Mitte, Umluft 200°) etwa 10 Min. überbacken. Wer die Kruste nicht so kross mag, deckt die obere Schicht mit Alufolie ab. Dazu passt ein bunt gemischter Salat.

VARIANTE

Braten Sie zusammen mit der Zwiebel 100 g Speckwürfel an: Das verleiht dem Gericht eine herzhafte Note.

TIPP

Die fertigen Käsespätzle lassen sich gut einfrieren. Vor dem Servieren im Backofen bei 200° (Mitte, Umluft 180°) in etwa 10 Min. aufbacken.

Nährwerte pro Portion:

505 kcal • **18 g** Eiweiß • **25 g** Fett • **52 g** Kohlenhydrate

Penne mit Zucchinisauce

FÜR 4 PERSONEN

1 Zwiebel
2 Knoblauchzehen
400 g Zucchini
4 EL Olivenöl
400 g Tomatenfruchtfleisch in Stücken (Fertigprodukt)
100 g Sahne
Salz, Pfeffer
400 g Penne (z. B. Dr. Schär)
50 g frisch geriebener Parmesan
2 EL frisch gehacktes Basilikum

ZUBEREITUNG: ca. 30 Min.

1. Die Zwiebel und den Knoblauch abziehen und fein würfeln, die Zucchini waschen und in feine Streifen schneiden. Das Öl in einer Pfanne erhitzen, die Zwiebel- und Knoblauchwürfel glasig dünsten. Zucchinistreifen kurz mitbraten. Die Tomatenstücke mit dem Saft dazugeben und etwa 5 Min. bei niederer Temperatur köcheln lassen.
2. Die Sahne unterrühren und die Sauce mit Salz und Pfeffer würzen. Die Nudeln nach Packungsangabe in kochendem Salzwasser bissfest garen. abgießen und abtropfen lassen.

Portionsweise mit der Sauce anrichten und mit Parmesan und gehacktem Basilikum bestreuen.

VARIANTE

Fügen Sie 50 g in Würfel geschnittenen gekochten Schinken zur Sauce. Das ergibt eine herzhafte Note.

Nährwerte pro Portion:

610 kcal • **20 g** Eiweiß • **23 g** Fett • **81 g** Kohlenhydrate

Spaghetti alla carbonara

FÜR 4 PERSONEN

1 Bund Petersilie
80 g durchwachsener Speck
2 Knoblauchzehen
500 g glutenfreie Spaghetti (z. B. Dr. Schär)
40 g Butter
125 g Sahne
3 Eier
3 Eigelbe
60 g geriebener Parmesan
Salz, Pfeffer

ZUBEREITUNG: ca. 30 Min.

1. Die Petersilie waschen, trockenschütteln und fein hacken. Den Speck fein würfeln und den Knoblauch abziehen.
2. Die Spaghetti nach Packungsangabe in kochendem Salzwasser bissfest garen. Die Butter in einer Pfanne erhitzen, die Knoblauchzehen dünsten und nach 3 Min. aus der Pfanne nehmen. Den Speck in der gleichen Pfanne ca. 5 Min. auslassen, die Sahne zugeben und kurz aufkochen.
3. In einer Schüssel Eier und Eigelbe mit der gehackten Petersilie und dem Parmesan verrühren. Die Spaghetti abgießen und abtropfen lassen. In die heiße Speck-Sahne-Mischung geben, die verquirlten Eier darüber gießen und gründlich mischen. Mit Salz und Pfeffer würzen und sofort servieren.

TIPP

Wärmen Sie die Schüssel mit kochendem Wasser vor.

Nährwerte pro Portion:

925 kcal • **32 g** Eiweiß • **46 g** Fett • **96 g** Kohlenhydrate

Lasagne

FÜR 4–6 PERSONEN

doppelte Menge Tomatensauce mit Gemüse oder mit Hackfleisch (s. Seite 28, Varianten)

1 Rezept Béchamelsauce (s. Seite 28)

1 Packung Lasagneblätter (z. B. von Dr. Schär)

150 g frisch geriebener Parmesan

30 g Butterflöckchen

Olivenöl für die Form

ZUBEREITUNG: ca. 2 Std.

BACKZEIT: ca. 40 Min.

1. Die Saucen nach den vorhandenen Rezepten zubereiten (s. Seite 28).
2. Die Lasagneplatten in einem großen Topf in kochendem Salzwasser mit etwas Öl in 2 Etappen jeweils 5 Min. kochen. Mit dem Schaumlöffel herausheben und nebeneinander auf eine nasse Platte legen (nicht übereinander, sonst kleben die Teigplatten zusammen).
3. Den Backofen vorheizen. Eine Auflaufform mit Olivenöl einfetten und den Boden der Form mit 2–3 EL Tomatensauce bedecken, 2–3 EL Béchamelsauce dazugeben, verrühren, etwas Parmesan darüber streuen. Mit einer Schicht Lasagneplatten belegen und wieder mit den Saucen bedecken. Die Prozedur wiederholen, bis die Lasagneplatten und die Saucen verbraucht sind.
4. Die letzte Soßenschicht mit dem restlichen Käse bestreuen und Butterflöckchen darauf setzen. Die Lasagne im Ofen bei 220° (Mitte, Umluft 200°) 35–40 Min. backen. Vor dem Servieren einige Min. ruhen lassen. Dazu gibt's grünen Salat.

TIPP

Sie können die Lasagne bereits am Vortag zubereiten und bis zum Backen mit einer Folie abgedeckt im Kühlschrank aufbewahren oder Sie frieren Sie vor dem Backen ein und backen Sie bei 220° (Mitte, Umluft 200°) in 35–40 Min. wieder auf.

VARIANTE

Wenn Sie keine Lasagneblätter zur Hand haben, verwenden Sie einfach andere glutenfreie Nudeln.

Nährwerte pro Portion:

1010 kcal • **49 g** Eiweiß • **50 g** Fett • **87 g** Kohlenhydrate

Maultaschen

FÜR 4 PERSONEN

FÜR DEN TEIG

300 g helles glutenfreies Mehl
1 TL Salz
1 TL Fiber-Husk (Flohsamen, z. B. von Finax)
3 Eier, 1 EL Rapsöl

FÜR DIE FÜLLUNG

1 Zwiebel
1/2 Bund Petersilie
1 EL Öl
50 g Salami
300 g mageres Rinderhackfleisch
1 Ei, 1 EL glutenfreie Semmelbrösel
Salz, Pfeffer
1 Eiweiß zum Bestreichen
1 Zwiebel
2 EL Butter

ZUBEREITUNG: ca. 1 Std.
RUHEZEIT: ca. 20 Min.

1. Das Mehl mit Salz und Fiber-Husk mischen. Mit den Eiern und dem Öl zu einem festen Teig verkneten, bei Bedarf 2–3 EL kaltes Wasser unterkneten. Etwa 20 Min. in Frischhaltefolie eingewickelt kühl stellen.

2. Die Zwiebel abziehen und würfeln. Die Petersilie waschen, trockenschütteln und fein hacken. Das Öl erhitzen, Zwiebel und Petersilie darin glasig braten, etwas abkühlen lassen. Die Salami sehr fein würfeln, mit Hackfleisch, Ei und Semmelbröseln verkneten. Mit Salz und Pfeffer kräftig abschmecken. Die abgekühlten Petersilien-Zwiebel-Würfel untermischen.

3. In einem großen Topf Salzwasser zum Kochen bringen. Den Nudelteig so dünn wie möglich ausrollen. Etwa 10 cm große Quadrate ausschneiden. Jeweils 1 TL der Füllung auf eine Hälfte der Teigstücke setzen, den Teigrand mit etwas Eiweiß bestreichen und die andere Teighälfte darüber klappen. Den Rand mit einer Gabel gut zusammendrücken.

4. Die Maultaschen im kochenden Salzwasser einmal kurz aufwallen lassen, die Hitze reduzieren und die Maultaschen noch etwa 8 Min. ziehen lassen. Inzwischen die Zwiebel abziehen und fein würfeln. Die Butter zerlassen und die Zwiebel darin goldgelb anbraten. Die Maultaschen vor dem Servieren mit der Zwiebelbutter übergießen. Dazu passen (Schwäbischer) Kartoffelsalat und grüner Salat.

VARIANTE

Sehr lecker schmecken die Maultaschen auch, wenn Sie 50 g gehackten Spinat unter die Fleischmasse mischen.

TIPP

Die Maultaschen lassen sich sehr gut roh einfrieren. Zur Zubereitung dann die tiefgekühlten Maultaschen direkt in kochendes Salzwasser geben, einmal aufkochen und noch etwa 10 Min. ziehen lassen.

Nährwerte pro Portion:

655 kcal • **29 g** Eiweiß • **31 g** Fett • **67 g** Kohlenhydrate

Sauerbraten

mit Semmelknödeln

FÜR 4–6 PERSONEN

FÜR DIE MARINADE (1 WOCHE IM VORAUS)

330 ml trockener Rotwein
330 ml Weinessig
330 ml Wasser
1 Zwiebel
1 Lorbeerblatt
2 Nelken
10 schwarze Pfefferkörner
1 kg Rinderbraten

FÜR DEN BRATEN

3 Möhren
Senf, Salz, Pfeffer
6 EL Rapsöl
2 EL Johannisbeergelee
2 TL Maisstärke
3 EL Crème fraîche

FÜR DIE SEMMELKNÖDEL

400 g glutenfreies Weißbrot (z. B. Pan carré von Dr. Schär)
150 ml lauwarme Milch
1 kleine Zwiebel
1/2 Bund Petersilie
2 EL Rapsöl
50 g Speckwürfel
1 großes Ei
Salz, Muskatnuss
glutenfreie Semmelbrösel zum Arbeiten

ZUBEREITUNG: ca. 2 Std.
RUHEZEIT: ca. 1 Woche

1. Den Rotwein mit Essig und Wasser in einen Topf oder eine große Schüssel geben und verrühren. Die Zwiebel abziehen und in Ringe schneiden. Mit dem Lorbeerblatt, Nelken und Pfefferkörnern zur Rotwein-Mischung geben. Das Rindfleisch in der Marinade zugedeckt 1 Woche im Kühlschrank ziehen lassen.
2. Am Tag der Zubereitung die Möhren putzen, schälen, längs vierteln und in etwa 3 cm lange Stücke schneiden. Das Fleisch und die Zwiebelringe aus der Marinade heben. Die Zwiebeln abtropfen lassen, das Fleisch mit Küchenpapier trockentupfen. Rundum mit Senf einreiben, salzen und pfeffern.
3. Das Öl in einem Schmortopf erhitzen und das Fleisch bei hoher Hitze anbraten. Die Möhren und die abgetropften Zwiebeln hinzufügen und bei mittlerer Hitze 2–3 Min. mitschmoren.
4. Das Johannisbeergelee zugeben und alles mit einem Drittel der Marinade ablöschen. Zugedeckt etwa 1 Std. schmoren lassen. Dabei immer wieder Marinade angießen.
5. Für die Semmelknödel das Weißbrot auf einem Backrost im Backofen bei 50° ca. 30 Min. trocknen. Das Brot in kleine Würfel schneiden, mit der lauwarmen Milch übergießen. 10 Min. quellen lassen.
6. Die Zwiebel abziehen und würfeln. Die Petersilie waschen, trockenschütteln und fein hacken. Das Öl in einer Pfanne erhitzen, Zwiebelwürfel, Petersilie und Speckwürfel darin glasig anbraten. Etwas abkühlen lassen.
7. In einem großen Topf Salzwasser zum Kochen bringen. Die Speck-Zwiebel-Mischung mit dem Ei unter die Brotmasse mischen. Mit Salz und Muskatnuss abschmecken. Sollte der Teig zu feucht sein, etwas glutenfreie Semmelbrösel unterkneten. Mit feuchten Händen 8 Klöße formen. In das kochende Salzwasser gleiten lassen und bei schwacher Hitze 15 Min. ziehen lassen.
8. Das Fleisch aus dem Topf heben und warm stellen. Den Bratensatz durch ein Sieb streichen oder pürieren und zum Kochen bringen. Die Stärke mit Wasser glatt rühren, in den köchelnden Bratensatz geben und einmal aufkochen lassen. Die Crème fraîche unterrühren.
9. Die Knödel mit dem Schaumlöffel herausheben. Das Fleisch in Scheiben schneiden, mit der Sauce und den Semmelknödeln portionsweise anrichten.

Nährwerte pro Portion:

860 kcal • **49 g** Eiweiß • **37 g** Fett • **79 g** Kohlenhydrate

Gefüllte Pfannkuchen

FÜR 4 PERSONEN

FÜR DEN TEIG

3 Eier

200 g helles glutenfreies Mehl (z. B. Mix C von Dr. Schär)

200 ml Milch

1 EL Öl, 200 ml kaltes Wasser

1 kräftige Prise Salz

FÜR DIE FÜLLUNG

1 Zwiebel

2 Knoblauchzehen

6 EL Öl

400 g mageres Hackfleisch

2 EL Tomatenmark

Salz, Pfeffer, Muskatnuss

100 ml Rotwein (ersatzweise Gemüsebrühe)

1 – 2 TL Speisestärke (z. B. Mondamin)

4 EL Sahne

1 TL getrocknete Kräuter (z. B. Kräuter der Provence)

ZUBEREITUNG: ca. 40 Min.

1. Die Eier verquirlen und mit Mehl, Milch, Öl, Wasser und Salz verrühren. Den Teig 20 Min. quellen lassen. Bei Bedarf noch etwas Wasser hinzufügen.
2. Für die Füllung die Zwiebel und den Knoblauch abziehen und fein würfeln. In einer Pfanne 2 EL Öl erhitzen, die Zwiebel- und Knoblauchwürfel glasig dünsten. Das Hackfleisch hinzufügen und unter Rühren braten, bis es krümelig ist.
3. Das Tomatenmark unterrühren, mit Salz, Pfeffer und Muskatnuss würzen und noch 3 Min. unter Rühren weiterbraten. Mit Wein ablöschen. Die Speisestärke mit etwas Wasser anrühren und damit die Sauce binden. Sahne und Kräuter unterrühren.
4. Den Backofen auf 50° vorheizen. In einer beschichteten Pfanne das Öl erhitzen und die Pfannkuchen nacheinander braten. Mit der Hackfleischfüllung bestreichen, zusammenrollen und bis zum Servieren im Backofen warm halten. Dazu passt ein knackiger Salat.

TIPP

Wenn Sie noch einen Rest Pfannkuchenteig übrig haben, können Sie noch etwas Flüssigkeit zugeben und aus dem Teig sehr dünne Pfannkuchen (Flädle) braten. In feine Streifen geschnitten und mit einer guten Brühe ergibt dies dann eine Schwäbische Flädlesuppe.

VARIANTE

Legen Sie die gefüllten Pfannkuchen in eine Auflaufform und streuen Sie 50 g geriebenen Käse darüber. Im vorgeheizten Backofen bei 200° (Mitte, Umluft 180°) ca. 20 Min. gratinieren.

Nährwerte pro Portion:

670 kcal • **31 g** Eiweiß • **38 g** Fett • **48 g** Kohlenhydrate

Burritos

mit Hühnerfüllung

FÜR 2 PERSONEN
FÜR 4 BURRITOS

120 g Maismehl
120 g helles glutenfreies Mehl
1 Prise Salz
2 EL Öl
300 ml Wasser
2 EL Öl

FÜR DIE FÜLLUNG

250 g Hähnchenbrustfilet
1 Zwiebel
1–2 Knoblauchzehen
2 EL Öl
400 g Tomatenfruchtfleisch in Stücken (Fertigprodukt)
1 EL edelsüßes Paprikapulver
1 TL rosenscharfes Paprikapulver
Salz
1 Msp. Chilipulver
1 Prise Zucker
2 El Öl

ZUBEREITUNG: ca. 50 Min.

1. Für die Burritos die beiden Mehlsorten in eine Schüssel geben, Salz und Öl hinzufügen und mit dem Wasser zu einem glatten Teig verrühren. Bei Bedarf noch etwas Wasser hinzufügen. 20 Min. quellen lassen.
2. Für die Füllung das Fleisch waschen, trockentupfen und in kleine Würfel schneiden. Die Zwiebel und die Knoblauchzehen abziehen und fein hacken. Das Öl in einer Pfanne erhitzen, die Hühnerbrustwürfel kurz anbraten, Zwiebel und Knoblauch hinzufügen und kurz weiterbraten.
3. Die Tomatenstücke mit dem Saft angießen und mit den beiden Sorten Paprikapulver und Salz würzen. Die Füllung einkochen lassen, bis sie eindickt, mit Chilipulver und Zucker abschmecken.
4. Den Backofen auf 50° vorheizen. Das Öl in einer beschichteten Pfanne erhitzen. Je 3–4 EL Teig in die Pfanne geben, mit einem nassen Löffel glatt streichen und von beiden Seiten knusprig braten. Die Burritos im Backofen mit Alufolie abgedeckt warm halten. Die heiße Füllung auf die Burritos geben und diese zusammenklappen. Sofort servieren. Dazu schmeckt grüner Salat.

VARIANTEN

Bestreuen Sie die Burritos mit 50 g geriebenem Käse und überbacken Sie diese 8–10 Min. im vorgeheizten Ofen bei 200° (Mitte, Umluft 180°), bis der Käse geschmolzen ist.

Wer es gerne vegetarisch mag, kann anstatt Fleisch 300 g Gemüse verwenden, z. B. Paprika und Zucchini.

TIPP

Wenn es schnell gehen muss, nehmen Sie am besten eine glutenfreie Salsa (z. B. Texicana Salsa von Maggi) als Sauce zu den gebratenen Hühnerbrüstchen.

Nährwerte pro Portion:

427 kcal • **19 g** Eiweiß • **17 g** Fett • **48 g** Kohlenhydrate

Zucchini-Tortilla

FÜR 4 PERSONEN

300 g Zucchini
2 kleine Zwiebeln
2 Knoblauchzehen
50 g Salami oder gekochter Schinken
6 EL Olivenöl
6 Eier
Salz, Pfeffer
1 TL gehackter Oregano

ZUBEREITUNG: ca. 30 Min.

1. Die Zucchini waschen und klein würfeln. Zwiebeln und Knoblauch abziehen und fein hacken. Die Salami in kleine Würfel schneiden. 2 EL Olivenöl in einer Pfanne erhitzen, Zwiebeln und Knoblauch darin glasig dünsten. Salami- und Zucchiniwürfel hinzufügen, bei mittlerer Hitze etwa 5 Min. braten.

2. Die Eier in einer großen Schüssel verquirlen, mit Salz und Pfeffer würzen. Die Zucchini-Mischung zu den Eiern geben, den gehackten Oregano unterrühren. 2 EL Öl in der Pfanne erhitzen. Die Zucchini-Eier-Mischung hinzufügen und bei schwacher Hitze ca. 5 Min. stocken lassen.

3. Die Tortilla zum Wenden auf einen Teller gleiten lassen. Das restliche Öl in der Pfanne erhitzen und die Tortilla auf der anderen Seite goldgelb braten. Sofort servieren. Dazu passt Baguette oder kleine in Olivenöl gebratene Kartoffeln.

TIPPS

Die Zucchinitortilla schmeckt auch als kalte Vorspeise sehr lecker: Servieren Sie dazu die pikante Grillsauce von Seite 29.

Die Zucchini können Sie auch mit der gleichen Menge Lauch ersetzen.

VARIANTE

Für eine Kartoffel-Tortilla nehmen Sie anstatt Zucchini 300 g gekochte Kartoffelwürfel und 2 gewürfelte Tomaten.

Nährwerte pro Portion:

315 kcal • **13 g** Eiweiß • **28 g** Fett • **2 g** Kohlenhydrate

Grundrezept Pizzateig

500 g helles glutenfreies Mehl (z. B. Mix B von Dr. Schär)
1 Päckchen Trockenhefe
1 TL Meersalz
1 TL Vollrohrzucker
2 EL Olivenöl
450 ml lauwarmes Wasser
Backpapier fürs Blech

ZUBEREITUNG: ca. 20 Min.
RUHEZEIT: ca. 30 Min.

1. Das Mehl mit Trockenhefe, Salz und Zucker mischen. Mit Öl und Wasser zu einem geschmeidigen Teig kneten.
2. Das Blech mit Backpapier belegen. Den Teig ausrollen, aufs Blech legen und im warmen Ofen ca. 20 Min. gehen lassen (s. Tipp).
3. Die Pizza nach Wunsch belegen (s. Seite 50).

TIPP

Glutenfreier Teig braucht viel Feuchtigkeit, um gut aufzugehen. Die folgende Methode hat sich gut bewährt: Den Backofen kurz auf 50 °C heizen, dann ausschalten (ca. 35 °C). Den ausgerollten Teig auf dem Blech in den Ofen schieben, darüber einen Gitterrost mit einem feuchten Geschirrtuch bedecken. Das Geschirrtuch vor dem Backen bitte unbedingt wieder herausnehmen!

Nährwerte gesamt:
1975 kcal • **15 g** Eiweiß • **25 g** Fett • **427 g** Kohlenhydrate

Focaccia

FÜR 2 RUNDE BLECHE VON 30 CM Ø (À 8 STÜCK)
1 Grundrezept Pizzateig (s. oben)
100 ml Olivenöl
4 – 5 EL frische Rosmarinnadeln
Fett fürs Blech

ZUBEREITUNG: ca. 20 Min.
RUHEZEIT: ca. 20 Min.
BACKZEIT: ca. 2 x 25 Min.

1. Den Backofen vorheizen. Die Bleche einfetten. Den Pizzateig nach Rezept zubereiten. Den Teig ausrollen, auf die Bleche legen und im warmen Ofen 20 Min. gehen lassen (s. oben, Tipp).
2. Die Bleche aus dem Ofen nehmen. Den Backofen vorheizen. Das Öl in einer Pfanne erwärmen, die Rosmarinnadeln hinzufügen und 10 Min. ziehen lassen.
3. Den Teig über Kreuz einschneiden und mit der Hälfte des warmen Öls bestreichen. Die Fladen nacheinander jeweils 20 – 25 Min. im Backofen bei 250° auf der mittleren Schiene backen, mit Umluft bei 220° gleichzeitig auf der mittleren und unteren Schiene.
4. Die heißen Fladen mit dem Rest des Öls bestreichen und warm servieren. Die Focaccia passt hervorragend zu Antipasti.

VARIANTE

Statt der Rosmarinnadeln können Sie auch 2 gepresste Knoblauchzehen und 2 – 3 EL getrocknete Italienische Kräuter ins warme Öl geben und damit die Focaccia bestreichen.

Nährwerte pro Portion:
165 kcal • **1 g** Eiweiß • **6 g** Fett • **26 g** Kohlenhydrate

Bunte
Familienpizza

FÜR 1 BACKBLECH (16 STÜCK) ODER 2 RUNDE FORMEN VON 28 CM Ø

800 g Tomatenfruchtfleisch in Stücken (Fertigprodukt)
1 Grundrezept Pizzateig (s. Seite 48)
1/2 TL Salz
250 g Mozzarella
1 EL getrocknete Italienische Kräuter (z. B. Thymian, Oregano)
2 EL Olivenöl

ZUBEREITUNG: ca. 40 Min.
RUHEZEIT: ca. 20 Min.
BACKZEIT: ca. 25 Min.

1. Den Backofen vorheizen. Die gehackten Tomaten gut abtropfen lassen. Den Teig mit den Tomatenstücken gleichmäßig belegen und salzen. Mozzarella in kleine Stücke schneiden und über den Tomaten verteilen.
2. Die Pizza mit den Kräutern bestreuen. Mit Olivenöl beträufeln und im Ofen bei 250° (Mitte, Umluft 220°) ca. 20 – 25 Min. backen.

TIPP

Fangen Sie bei den Tomatenstücken den Saft auf: Dieser eignet sich prima für die Zubereitung einer leckeren Tomatensauce.

VARIANTEN

Sie können die Pizza mit 100 g in Streifen geschnittenem gekochten Schinken und 5 Scheiben Ananas zur Pizza Hawaii machen.

Eine pikante Alternative sind 100 g in Streifen geschnittene Salami, frische Champignonscheiben und Artischockenböden aus dem Glas.

Wenn Sie Fisch mögen, belegen Sie die Pizza mit Thunfisch aus der Dose. Auch einige in Öl eingelegte Oliven passen gut dazu.

Für eine süße Variante ersetzen Sie das Olivenöl durch Rapsöl und bestreichen den Teig auf dem Blech mit 500 g gemischten pürierten Beeren. 1 Kugel Büffelmozzarella in Scheiben schneiden und die süße Pizza damit belegen. Vor dem Backen mit 2 – 3 EL Vollrohrzucker bestreuen.

Nährwerte pro Portion:

180 kcal • **5 g** Eiweiß • **6 g** Fett • **28 g** Kohlenhydrate

Polenta-Pizza

FÜR 1 BACKBLECH (16 STÜCK)

FÜR DEN TEIG

750 ml Wasser
1/2 TL Salz
1 EL Butter
250 g Maisgrieß

FÜR DEN BELAG

800 g Tomatenfruchtfleisch in Stücken (Fertigprodukt)
125 g Mozzarella
100 g gekochter Schinken
Salz, Pfeffer
1 EL getrocknete Italienische Kräuter
1 EL Olivenöl
Backpapier fürs Blech

ZUBEREITUNG: ca. 35 Min.
RUHEZEIT: ca. 30 Min.
BACKZEIT: ca. 25 Min.

1. Das Wasser mit Salz und Butter zum Kochen bringen. Den Maisgrieß einrieseln lassen, 5 Min. unter Rühren kochen, dann bei schwächster Temperatur ca. 30 Min. quellen lassen. Immer wieder umrühren.
2. Den Backofen vorheizen. Das Backblech mit Backpapier belegen. Tomaten in ein Sieb abgießen und abtropfen lassen. Die Polenta ca. 2 cm dick auf das vorbereitete Blech streichen. Das Blech wird dabei nicht vollständig bedeckt. Abkühlen lassen.
3. Die Polenta mit den abgetropften Tomatenstücken belegen. Den Mozzarella in Stücke, den Schinken in Streifen schneiden und gleichmäßig auf der Pizza verteilen. Mit Salz und Pfeffer würzen. Die getrockneten Kräuter darüber streuen. Das Olivenöl darüber träufeln.
4. Im Ofen bei 200° (Mitte, Umluft 180°) ca. 25 Min. backen und heiß servieren. Dazu passt ein bunter Salat.

TIPP

Belegen Sie die Pizza ganz nach Belieben: statt mit Schinken mit Salami oder mit Thunfisch aus der Dose.

VARIANTE

Lecker schmeckt die Polenta auch in Form von Polentaschnitten!

Bereiten Sie dazu die Polenta wie in Arbeitsschritt 1 zu und streichen Sie die Masse ebenfalls ca. 2 cm dick auf ein mit Backpapier belegtes Blech oder eine Platte. Abkühlen lassen. 2 Eier in einem tiefen Teller verquirlen. 100 g Parmesan reiben und mit 2 EL glutenfreien Semmelbröseln auf einem zweiten Teller mischen. Aus der abgekühlten Polentamasse Quadrate oder Rechtecke schneiden. Die Polentaschnitten zuerst im flüssigen Ei, dann in den Käsebröseln wenden. In einer Pfanne 3 EL Öl erhitzen. Die Schnitten auf beiden Seiten goldgelb braten.

Nährwerte pro Portion:

98 kcal • **5 g** Eiweiß • **3 g** Fett • **13 g** Kohlenhydrate

Grundrezept Hefeteig

FÜR 1 BACKBLECH (16 STÜCK)
250 g helles glutenfreies Mehl (z. B. Hammermühle hell)
1 Päckchen Trockenhefe
125 g Magerquark
60 ml Öl
1/2 TL Salz
1 Ei
Fett fürs Blech

ZUBEREITUNG: ca. 15 Min.
RUHEZEIT: ca. 20 Min.

1. Das Backblech fetten. Das Mehl mit der Trockenhefe mischen. Mit Quark, Öl, Salz und Ei gründlich verkneten. Bei Bedarf noch etwas Wasser hinzufügen. Den Teig ausrollen, auf das Blech legen und ca. 20 Min. im warmen Ofen gehen lassen (s. Seite 48, Tipp).

2. Den Hefeteig nach Wunsch belegen (s. unten).

VARIANTE

Dieser Teig ist auch eine prima Basis für Obstkuchen oder Streuselkuchen: Fügen Sie dem Teig statt 1/2 TL Salz nur 1 Prise Salz hinzu sowie zusätzlich 50 g Zucker und 1 Msp. abgeriebene Zitronenschale. Vor dem Backen nach Belieben mit Früchten belegen.

Nährwerte pro Portion:
90 kcal • **2 g** Eiweiß • **3 g** Fett • **14 g** Kohlenhydrate

Schwäbischer Zwiebelkuchen

FÜR 1 BACKBLECH (20 STÜCK)
1 Grundrezept Hefeteig (s. oben)
1 kg Zwiebeln
2 EL Öl
125 g saure Sahne
3 Eier
2 EL helles glutenfreies Mehl (z. B. Hammermühle hell)
Salz, Pfeffer
50 g Speckwürfel
Kümmel
Fett fürs Blech

ZUBEREITUNG: ca. 1 Std.
RUHEZEIT: ca. 20 Min.
BACKZEIT: ca. 40 Min.

1. Den Hefeteig nach Rezept zubereiten. Das Blech fetten. Den Teig ausrollen, aufs Blech legen und einen ca. 2 cm hohen Rand formen. Den Teig auf dem Blech ca. 20 Min. im warmen Backofen gehen lassen (s. Seite 48, Tipp).

2. Inzwischen die Zwiebeln schälen und grob würfeln. In einer Pfanne das Öl erhitzen und die Zwiebeln darin glasig dünsten. Die Zwiebelmasse etwas abkühlen lassen. Mit der sauren Sahne, den Eiern und dem Mehl verrühren. Mit Salz und Pfeffer würzen. Das Blech aus dem Ofen nehmen.

3. Den Backofen vorheizen. Die Zwiebelmasse auf den Teig geben. Die Speckwürfel darüber verteilen und nach Belieben etwas Kümmel darüber streuen. Den Zwiebelkuchen bei 220° (Mitte, Umluft 200°) in 30–40 Min. goldgelb backen. Den Kuchen in rechteckige Stücke schneiden und heiß servieren.

TIPP

Der fertig gebackene Zwiebelkuchen lässt sich nach dem Abkühlen gut einfrieren: auch aufgebacken ein Genuss!

Nährwerte pro Portion:
150 kcal • **3 g** Eiweiß • **7 g** Fett • **17 g** Kohlenhydrate

Grundrezept Quark-Öl-Teig

150 g Magerquark
6 EL Milch
6 EL Rapsöl
1 Prise Salz
300 g helles glutenfreies Mehl (z. B. Hammermühle hell)
1 Päckchen Weinstein-Backpulver
Mehl zum Arbeiten

ZUBEREITUNG: ca. 15 Min.

1. Den Quark mit Milch, Öl und Salz gut verrühren. Das Mehl mit dem Backpulver mischen und hinzufügen. Alle Zutaten gründlich verkneten. Bei Bedarf noch etwas Mehl hinzufügen.
2. Den Teig vorsichtig ausrollen und je nach Rezept weiterverarbeiten (s. Seite 58).

TIPP

Mit diesem Teig können Sie sowohl herzhaftes als auch süßes Gebäck herstellen. Leckere pikante und süße Rezepte für Quark-Öl-Teig finden Sie auf Seite 58.

Nährwerte gesamt:

1745 kcal • **29 g** Eiweiß • **66 g** Fett • **259 g** Kohlenhydrate

Grundrezept Quark-Blätterteig

250 g helles glutenfreies Mehl
2 TL Backpulver
1 Prise Salz
200 g Magerquark
160 g Margarine
Mehl zum Arbeiten

ZUBEREITUNG: ca. 30 Min.
RUHEZEIT: ca. 30 Min.

1. Das Mehl mit dem Backpulver und dem Salz mischen. Den Quark in einem Geschirrtuch leicht auspressen und mit der Margarine zum Mehl geben. Alle Zutaten zu einem geschmeidigen Teig kneten.
2. Den Teig auf dem mit Mehl bestäubten Backbrett zu einem ca. 1 – 2 cm dicken Quadrat vorsichtig ausrollen. Die Teigplatte von der linken und rechten Seite zur Mitte einschlagen sowie von oben und unten. Erneut ausrollen. Den Vorgang des Einschlagens und Ausrollens 6-mal wiederholen, dabei immer etwas Mehl auf den Teig streuen.
3. Den Teig in Frischhaltefolie einschlagen und 30 Min. kühl stellen. Ausrollen und je nach Rezept weiterverarbeiten (s. Seite 58).

TIPP

Mit diesem Teig können Sie sowohl herzhaftes als auch süßes Gebäck herstellen. Leckere pikante und süße Rezepte für Quark-Blätterteig finden Sie auf Seite 58.

Nährwerte gesamt:

2160 kcal • **33 g** Eiweiß • **132 g** Fett • **217 g** Kohlenhydrate

Fleischtaschen

FÜR 20 GEBÄCKTASCHEN
1 Grundrezept Quark-Öl-Teig oder
1 Grundrezept Quark-Blätterteig
(s. Seite 56)
1 Zwiebel
1/2 Bund Petersilie
2 EL Öl
1 kleine rote Paprikaschote
50 g Hartkäse (z. B. Emmentaler)
400 g Rinderhackfleisch
2 Eier
2 EL glutenfreie Semmelbrösel
Salz, Pfeffer
1 EL Milch
Mehl zum Arbeiten
Backpapier fürs Blech
ZUBEREITUNG: ca. 20 Min.
BACKZEIT: ca. 25 Min.

PIKANTE VARIANTE

Für Schinkenhörnchen ersetzen Sie die Hackfleischmasse durch 150 g gekochten und 100 g rohen Schinken. Die beiden Schinkensorten fein würfeln und 1 EL Schinkenwürfel in die Mitte der Teigquadrate geben. Von der Ecke aus zusammenrollen, Hörnchen formen und wie die Fleischtaschen weiterverarbeiten.

1. Den Backofen vorheizen. Die Backbleche mit Backpapier belegen. Den Teig nach dem jeweiligen Grundrezept zubereiten und auf bemehlter Arbeitsfläche ca. 3 mm dick ausrollen. 10 – 12 cm große Quadrate ausschneiden.

2. Die Zwiebel abziehen und fein würfeln. Die Petersilie waschen und fein hacken. 2 EL Öl in einer beschichteten Pfanne erhitzen, die Zwiebelwürfel darin glasig dünsten. Die Petersilie kurz mitbraten. Abkühlen lassen.

3. Die Paprikaschote waschen, putzen und fein würfeln. Den Käse würfeln. Mit der Zwiebel-Kräutermischung und dem Hackfleisch in eine Schüssel geben. 1 Ei und die Semmelbrösel hinzufügen. Alle Zutaten gründlich vermengen. Mit Salz und Pfeffer kräftig würzen.

4. Jeweils 1 EL Hackfleischmasse auf die Teigquadrate geben. Das zweite Ei trennen. Die Ränder an zwei Seiten mit Eiweiß bestreichen, über Eck zusammenklappen und mit einer Kuchengabel zusammendrücken.

5. Das Eigelb mit der Milch verrühren und die Gebäckstücke damit bestreichen. Im Ofen bei 220° (Mitte, Umluft 200°) in 20 – 25 Min. goldgelb backen. Auf einem Gitter auskühlen lassen.

SÜSSE VARIANTEN

Für Apfeltaschen kochen Sie 4 – 5 klein geschnittene Äpfel mit etwas Zucker kurz in Wasser auf und überbrühen mit dem heißen Abgusswasser 4 EL Rosinen. Die Äpfel etwas abkühlen lassen. Mit den Rosinen, 2 EL gehackten Mandeln und 2 Msp. Zimt vermengen. Und die Masse auf ein Teigquadrat geben. Die Ecken zur Mitte hin einschlagen und zusammendrücken. Wie die Fleischtaschen weiterverarbeiten.

Für Nusshörnchen vermengen Sie 250 g gemahlene Haselnüsse mit 4 EL Zucker, 1 Päckchen Bourbon-Vanillezucker und 100 g Sahne, bis eine breiige Masse entsteht. Jeweils 1 EL Masse in die Mitte eines Teigquadrates geben. Von der Ecke aus zusammenrollen und Hörnchen formen und wie die Fleischtaschen weiterverarbeiten.

Nährwerte pro Portion:

163 kcal • **7 g** Eiweiß • **9 g** Fett • **14 g** Kohlenhydrate

Lauchquiche

FÜR 1 SPRINGFORM VON 28 CM Ø (12 STÜCK)

FÜR DEN TEIG

220 g glutenfreies Mehl (z. B. Mix C von Dr. Schär)
100 g kalte Butter
1 kräftige Prise Salz, 3 EL kaltes Wasser

FÜR DEN BELAG

300 g Lauch
2 EL Olivenöl
150 ml Milch, 100 g Sahne
3 Eier
Salz, Pfeffer
50 g geriebener Emmentaler
Backpapier und Fett für die Form

ZUBEREITUNG: ca. 40 Min.
BACKZEIT: ca. 40 Min.

1. Das Mehl mit Butter, Salz und Wasser zu einem Teig kneten. Bei Bedarf noch Wasser oder Mehl hinzufügen. Den Teig in Frischhaltefolie gewickelt für ca. 1 Std. in den Kühlschrank stellen.
2. Den Backofen vorheizen. Die Form mit Backpapier auslegen, den Rand dünn einfetten. Den Teig ausrollen und in die Form legen. Einen Rand von ca. 2 cm formen.
3. Den Lauch putzen, gründlich waschen und in ca. 1 cm dicke Streifen schneiden. Das Öl in einer Pfanne erhitzen und die Lauchstreifen darin ca. 5 Min. dünsten.
4. Die Milch mit der Sahne und den Eiern verquirlen. Mit Salz und Pfeffer würzen. Den Lauch mit dem Käse unterrühren. Die Masse auf den Teig geben. Die Quiche im Backofen bei 200° (Mitte, Umluft 180°) 30 – 40 Min. backen und noch heiß servieren.

TIPP

Braten Sie mit dem Lauch auch kleine Speckwürfel an.

VARIANTE

Für eine Zucchiniquiche benötigen Sie:
300 g Zucchini
2 EL Olivenöl
1 Knoblauchzehe
200 g Sahne
2 Eier
Salz, Pfeffer

Die Zucchini waschen, in Scheiben schneiden. Öl in einer Pfanne erhitzen und die Zucchini ca. 3 Min. braten. Etwas abkühlen lassen. Knoblauch abziehen und fein hacken. Die Sahne mit den Eiern und dem Knoblauch verquirlen, mit Salz und Pfeffer würzen. Die Zucchinischeiben unter die Masse mischen und auf den Teig geben. Die Backzeit bleibt gleich.

Nährwerte pro Portion:

220 kcal • **4 g** Eiweiß • **15 g** Fett • **17 g** Kohlenhydrate

Käsegebäck

FÜR 2 BACKBLECHE (À 10 STÜCK)

FÜR DEN TEIG

150 g fein gemahlener Amaranth (aus dem Reformhaus, ersatzweise Buchweizen)
150 g helles glutenfreies Mehl
2 TL Guarkernmehl (aus dem Reformhaus)
1 TL Weinstein-Backpulver
120 g kalte Butter
100 g Magerquark
1 TL Salz
1 Ei
100 g geriebener herzhafter Hartkäse
1 Eigelb
1 EL Milch

ZUM BESTREUEN

Kümmel, geschälte Sesamsaat, Mohnsamen, grobes Meersalz, gehackte Pistazien oder Mandeln
Mehl zum Arbeiten
Backpapier fürs Blech

ZUBEREITUNG: ca. 25 Min.
RUHEZEIT: ca. 1 Std.
BACKZEIT: ca. 2 x 15 Min.

1. Den gemahlenen Amaranth mit den beiden Mehlsorten und Backpulver mischen, auf ein Backbrett geben. Die Butter in kleinen Stücken darüber verteilen. Den Magerquark mit Salz, Ei und geriebenem Käse verrühren. Mit der Mehlmischung zu einem geschmeidigen Teig verkneten. Den Teig in Frischhaltefolie einschlagen und 1 Std. kühl stellen

2. Den Backofen vorheizen. Die Bleche mit Backpapier belegen. Den Teig auf dem bemehlten Backbrett zu einem Rechteck von etwa 6 mm (Dicke) ausrollen. Mit einem Messer oder Teigrädchen Rauten, etwa 3 auf 6 cm, schneiden. Die Teigrauten auf die Bleche legen.

3. Das Eigelb mit der Milch verrühren und das Gebäck damit bestreichen. Nach Belieben mit Kümmel, Sesam, Mohn, grobem Salz, gehackten Pistazien oder Mandeln bestreuen. Das Käsegebäck nacheinander bei 220° (Mitte, Umluft 200°) in jeweils 12 – 15 Min. goldgelb backen. Auf einem Gitter auskühlen lassen.

TIPPS

Verwenden Sie doch mal Ausstechformen: Das Käsegebäck macht sich auch in Form von Herzen, Sternen oder Ringen sehr gut.

Bewahren Sie das Käsegebäck in einer Dose auf. Darin hält es sich ungefähr eine Woche.

Nährwerte pro Portion:

150 kcal • **5 g** Eiweiß • **9 g** Fett • **12 g** Kohlenhydrate

Apfeldessert aus Frankreich

FÜR 6 PERSONEN

4–6 säuerliche Äpfel (z. B. Boskop)
3–4 EL Zucker
100–125 g helles glutenfreies Mehl
50 g gemahlene Mandeln
100 g Zucker
1/2 TL Zimt
75 g Butter
Butter für die Form

ZUBEREITUNG: ca. 30 Min.
BACKZEIT: ca. 30 Min.

1. Den Backofen vorheizen. Die Auflaufform fetten. Äpfel schälen und in Schnitze schneiden. In wenig Wasser mit dem Zucker kurz kochen. Die Äpfel müssen noch bissfest sein. In einem Sieb abtropfen lassen und in die Form geben.
2. Für die Streusel das Mehl mit Mandeln, Zucker und Zimt mischen. Butter in Flöckchen hinzufügen und zu Streuseln verarbeiten. Nach Bedarf mehr Mehl oder mehr Butter zugeben.
3. Die Streusel über die Äpfel streuen. Im Ofen bei 200° (Mitte, Umluft 175°) in 25–30 Min. backen. Die Streusel müssen leicht bräunlich sein. Das Dessert noch heiß servieren.

VARIANTE

Das Dessert schmeckt auch köstlich mit gemischten Beeren. Diese müssen dann nicht gekocht werden. Den Zimt können Sie durch Vanillezucker ersetzen. Die Backzeit bleibt gleich.

Nährwerte pro Portion:
270 kcal • **2 g** Eiweiß • **16 g** Fett • **28 g** Kohlenhydrate

Rote Grütze mit Vanillesauce

FÜR 4 PERSONEN

FÜR DIE ROTE GRÜTZE

500 g Beeren (z. B. Johannisbeeren, Erdbeeren, Himbeeren und Kirschen)
2 EL Zucker
3 EL Speisestärke (z. B. Mondamin)

FÜR DIE VANILLESAUCE

250 ml + 3 EL Milch
1 Päckchen Bourbon-Vanillezucker
1–2 EL Zucker
1 gehäufter TL Speisestärke (z. B. Mondamin)
1 Eigelb
2 EL Sahne

ZUBEREITUNG: ca. 30 Min.
RUHEZEIT: ca. 2 Std.

1. Für die Rote Grütze die Beeren putzen, Erdbeeren halbieren, die Kirschen entsteinen und mit dem Zucker aufkochen. 2 Min. kochen. Die Speisestärke mit 3 EL kaltem Wasser verrühren, zu den Beeren geben und aufkochen. Weitere 2 Min. kochen lassen. In eine Schüssel füllen und abgedeckt 2 Std. kalt stellen.
2. Für die Vanillesauce 250 ml Milch mit Vanillezucker und Zucker aufkochen. Die Stärke mit 3 EL kalter Milch verrühren und in die kochende Flüssigkeit einrühren, aufkochen und von der Herdplatte nehmen.
3. Das Eigelb mit der Sahne verrühren und in die heiße Flüssigkeit einrühren, nicht mehr kochen lassen. Die Sauce abkühlen lassen. Immer wieder umrühren, damit sich keine Haut bildet. Portionsweise mit der Roten Grütze servieren.

TIPP

Statt frischer Früchte können Sie auch eine tiefgekühlte Beerenmischung verwenden.

Nährwerte pro Portion:
235 kcal • **4 g** Eiweiß • **7 g** Fett • **37 g** Kohlenhydrate

Leichte Orangenmousse

FÜR 4–6 PERSONEN

1 Päckchen gemahlene Gelatine
300 ml frisch gepresster Orangensaft
2 Eier
80 g Zucker
3 EL Orangenlikör (wer mag)
200 g Sahne
1 unbehandelte Orange

ZUBEREITUNG: ca. 40 Min.
RUHEZEIT: ca. 4 Std.

1. Die Gelatine nach Packungsangabe einweichen und quellen lassen.
2. Den Orangensaft erwärmen, die Gelatine darin unter Rühren auflösen. Die Masse abkühlen lassen.
3. Die Eier trennen. Die Eigelbe mit dem Zucker schaumig rühren. Mit dem Orangengelee verrühren, den Likör hinzufügen.
4. Die Sahne steif schlagen, die Eiweiße zu steifem Schnee schlagen und beides unter die erkaltete Masse ziehen. Zugedeckt für ca. 4 Std. kalt stellen.
5. Die Orange heiß waschen und trockentupfen. Die Schale dünn abreiben, die Orange filetieren. Von der Orangenmousse mit zwei Esslöffeln Nocken abstechen, auf einen Teller legen und mit den Orangenfilets verzieren, die abgeriebene Orangenschale darüber streuen.

VARIANTE

Wenn Sie das Dessert für Weihnachten zubereiten, fügen Sie einfach je 1 Prise Zimt und Nelkenpulver hinzu.

Nährwerte pro Portion:

275 kcal • **6 g** Eiweiß • **15 g** Fett • **24 g** Kohlenhydrate

Finnische Dickmilchcreme

FÜR 4–6 PERSONEN

1 Päckchen gemahlene Gelatine
500 ml Dickmilch
4 EL Zucker
1 Päckchen Bourbon-Vanillezucker
200 g Schlagsahne
500 g Erdbeeren
1 TL Zucker
50 g Mandelblättchen

ZUBEREITUNG: ca. 30 Min.
RUHEZEIT: ca. 4 Std.

1. Die Gelatine nach Packungsangabe einweichen und quellen lassen.
2. Die Dickmilch mit Zucker und Vanillezucker verrühren. Die Gelatine in einem Topf erwärmen, nicht kochen lassen. Die aufgelöste Gelatine zunächst mit 2–3 EL der gezuckerten Dickmilch verrühren, dann erst unter die restliche Dickmilch rühren.
3. Sobald die Creme zu gelieren beginnt, die Sahne steif schlagen. Unter die Creme ziehen und mindestens 4 Std. kalt stellen.
4. Für die Fruchtsauce die Erdbeeren waschen, abtropfen lassen, entkelchen und mit Zucker pürieren. Die Mandelblättchen in einer Pfanne ohne Fett rösten, bis sie duften. Die Dickmilchcreme kurz vor dem Servieren damit bestreuen und mit der Erdbeersauce servieren.

VARIANTE

Statt Erdbeersauce passt auch Kirschsauce sehr gut. Kochen Sie eingelegte Sauerkirschen mit einer Zimtstange und Zucker auf. Mit 2 TL Maisstärke andicken. Die Sauce noch warm zur Dickmilchcreme servieren.

Nährwerte pro Portion:

335 kcal • **9 g** Eiweiß • **22 g** Fett • **27 g** Kohlenhydrate

Schwäbische Waffeln

FÜR 8 WAFFELN

125 g weiche Butter
3 EL Vollrohrzucker
1 Prise Salz
1 Päckchen Vanillezucker
3 Eier
200 g Buchweizenmehl
50 g Kartoffel- oder Maisstärke
2 gestrichene TL Backpulver
250 ml Milch
Öl für das Waffeleisen
Puderzucker zum Bestäuben

ZUBEREITUNG: ca. 20 Min.
BACKZEIT: ca. 8 x 5 Min.

1. Die Butter mit Zucker, Salz, Vanillezucker und den Eiern gut schaumig rühren. Das Mehl mit Stärke und Backpulver mischen und mit der Milch unter den Teig rühren.
2. Das Waffeleisen mit Öl auspinseln und erhitzen. Jeweils 1 kleinen Schöpflöffel Teig in das heiße Waffeleisen geben und die Waffeln ca. 5 Min. backen, bis sie goldbraun sind. Die Waffeln mit Puderzucker bestäuben und sofort servieren.

TIPP

Die Waffeln eignen sich gut für den Kindergeburtstag. Sie können Wunschwaffeln zubereiten, z. B. mit Marmelade, Nuss-Nougat-Creme, Apfelkompott, frischen Erdbeeren oder Schlagsahne.

VARIANTEN

Rühren Sie 1 EL gehackte Mandeln oder Nüsse unter den Waffelteig. Auch ein unter den Teig geriebener Apfel schmeckt sehr gut.

Nährwerte pro Portion:
370 kcal • **6 g** Eiweiß • **22 g** Fett • **38 g** Kohlenhydrate

Sächsische Quarkkeulchen

FÜR 4 PERSONEN

75 g Rosinen
500 g mehlig kochende Kartoffeln (am besten vom Vortag)
2 Eier
250 g Speisequark
75 g Zucker
1 Msp. Zimt
1 TL abgeriebene Schale von 1 unbehandelten Zitrone
1 Prise Salz
50 g helles glutenfreies Mehl
100 g Butterfett zum Braten
Zimt und Zucker zum Bestreuen

ZUBEREITUNG: ca. 45 Min.

1. Die Rosinen mit kochendem Wasser übergießen. Die am Vortag gekochten Kartoffeln schälen und durch eine Kartoffelpresse drücken. Die Eier mit Quark, Zucker, Zimt, Zitronenschale und Salz vermischen und zu den Kartoffeln geben. Das Mehl und die Rosinen mit der Kartoffelmasse gut verkneten.
2. Das Butterfett in einer Pfanne erhitzen. Mit einem Esslöffel Nocken abstechen, in die Pfanne setzen und flach drücken. Die Quarkkeulchen von beiden Seiten goldgelb braten. Mit Zimt und Zucker bestreuen und noch heiß servieren. Dazu passt hervorragend Vanillesauce oder Apfelkompott.

TIPP

Halten Sie die Quarkkeulchen bis zum Servieren im vorgeheizten Backofen warm.

Nährwerte pro Portion:
585 kcal • **13 g** Eiweiß • **26 g** Fett • **75 g** Kohlenhydrate

Reis-Quark-Auflauf mit Äpfeln

FÜR 4 PERSONEN

200 g Milchreis
600 ml Milch
1 Prise Salz
2 Eier
7 EL Zucker
250 g Magerquark
1/2 TL abgeriebene Schale von 1 unbehandelten Zitrone
3 säuerliche Äpfel (z. B. Boskop)
3 EL Mandelblättchen
1 EL Butterflöckchen
Fett für die Form

ZUBEREITUNG: ca. 30 Min.
BACKZEIT: ca. 40 Min.

1. Den Reis kalt waschen. Die Milch erhitzen, den Reis und das Salz zugeben. Den Reis bei niederer Temperatur etwa 15 Min. quellen lassen, nicht zu weich werden lassen.
2. Den Backofen vorheizen. Die Auflaufform fetten. Die Eier trennen. Die Eigelbe mit dem Zucker schaumig rühren, den Quark und die Zitronenschale darunter rühren. Den leicht abgekühlten Reis mit der Eiermasse mischen. Die Eiweiße steif schlagen und unter die Masse ziehen.
3. Die Hälfte der Masse in die Form füllen. Die Äpfel schälen, in feine Scheiben schneiden und auf die Reismasse legen. Die restliche Reismasse darüber streichen. Den Auflauf mit Mandelblättchen und Butterflöckchen bestreuen. Im Ofen bei 200° (Mitte, Umluft 180°) in ca. 40 Min. goldgelb backen. Dazu gibt's Kompott oder Fruchtsauce.

TIPP

Wer Rosinen mag, überbrüht 2 EL Rosinen mit kochendem Wasser und verteilt diese mit den Apfelspalten auf dem Reis.

Nährwerte pro Portion:

580 kcal • **22 g** Eiweiß • **16 g** Fett • **86 g** Kohlenhydrate

Süßer Hirseauflauf

FÜR 4 PERSONEN

2 Tassen Hirse
2 Tassen Wasser
3 Tassen Milch
1/2 unbehandelte Zitrone
80 g Rosinen
1 – 2 EL Honig
1/2 TL Kardamom
1/2 TL Zimt
1 Päckchen Bourbon-Vanillezucker
50 g Haselnusskerne
1 EL Butterflöckchen
Butter für die Form

ZUBEREITUNG: ca. 30 Min.
BACKZEIT: ca. 30 Min.

1. Die Hirse mit Wasser und Milch aufkochen und 15 – 20 Min. quellen lassen.
2. Den Backofen vorheizen. Die Auflaufform fetten. Zitrone heiß waschen und trockentupfen. Die Schale dünn reiben, den Saft auspressen. Mit Rosinen, Honig, Kardamom, Zimt und Vanillezucker in die heiße Hirsemasse einrühren.
3. Die Masse in die Form füllen. Die Haselnüsse hacken und darüber streuen. Die Butterflöckchen darauf setzen. Im Ofen bei 200° (Mitte, Umluft 180°) in ca. 25 – 30 Min. goldgelb backen. Den Auflauf noch heiß servieren. Dazu passt Zwetschgen- oder Apfelkompott.

VARIANTEN

Geben Sie frisches Obst wie Äpfel- oder Birnenspalten vor dem Backen in die Hirsemasse.
Ersetzen Sie die Rosinen mit Cranberries oder mit gehackten Mandeln.

Nährwerte pro Portion:

495 kcal • **14 g** Eiweiß • **16 g** Fett • **76 g** Kohlenhydrate

Himbeer-Tiramisu

FÜR 6 PERSONEN

1 Grundrezept Mandelbiskuit (s. unten, Variante)
4 cl Himbeergeist (wer mag)
300 g Himbeeren
500 g Magerquark
250 g Mascarpone
150 g Zucker
1 Päckchen Bourbon-Vanillezucker
200 g Sahne

ZUBEREITUNG: ca. 40 Min.
BACKZEIT: ca. 30 Min.
RUHEZEIT: ca. 4 Std.

1. Den Mandelbiskuit nach Grundrezept zubereiten (s. unten). Abkühlen lassen und in eine runde Auflaufform legen.

2. Den Biskuit mit Himbeergeist beträufeln. Die Himbeeren waschen, einige zum Verzieren beiseite legen, den Rest pürieren. Das Himbeerpüree auf dem Biskuit verteilen.

3. Den Quark mit Mascarpone, Zucker und Vanillezucker zu einer Creme verrühren. Die Sahne steif schlagen, 4 EL zum Verzieren beiseite stellen, den Rest locker unterziehen. Die Masse über die Himbeeren streichen. Das Tiramisu für ca. 4 Std. kühl stellen.

4. Vor dem Servieren mit den beiseite gelegten Himbeeren und mit Sahnetupfen verzieren.

TIPP

Das Himbeer-Tiramisu können Sie gut schon am Vortag zubereiten.

Nährwerte pro Portion:

825 kcal • **23 g** Eiweiß • **48 g** Fett • **72 g** Kohlenhydrate

Grundrezept Biskuit

FÜR 1 SPRINGFORM VON 28 CM Ø (12 STÜCK)

3 Eier
3 EL heißes Wasser
150 g Zucker
1 Päckchen Vanillezucker
150 g helles glutenfreies Mehl (z. B. Mix C von Dr. Schär)
Backpapier und Fett für die Form

ZUBEREITUNG: ca. 20 Min.
BACKZEIT: ca. 25 Min.

1. Den Backofen vorheizen. Die Form mit Backpapier belegen, den Rand dünn einfetten. Die Eier mit Wasser schaumig rühren, nach und nach Zucker und Vanillezucker hinzufügen. Das Mehl darüber sieben und rasch unterheben.

2. Den Teig gleichmäßig in der Springform verstreichen. Im Ofen bei 200° (Mitte Umluft 175°) 20 – 25 Min. backen. Aus der Form lösen, auf ein Kuchengitter stürzen, das Backpapier abziehen und den Boden auskühlen lassen.

VARIANTE

Mandelbiskuit: Verwenden Sie 150 g gemahlene Mandeln und 50 g Maisstärke anstelle von 150 g glutenfreiem Mehl.

Schokoladenbiskuit: Ersetzen Sie 2 EL Mehl durch 2 EL Kakao.

TIPP

Dieser Biskuitboden ist ein echtes Allroundtalent, denn er bietet die ideale Grundlage für alle Obstbeläge und ist auch gut verwendbar für Sahnetorten.

Nährwerte pro Portion:

120 kcal • **2 g** Eiweiß • **2 g** Fett • **24 g** Kohlenhydrate

Himbeer-Quarksahnetorte

FÜR 1 SPRINGFORM VON 28 CM Ø (12 STÜCK)

1 Grundrezept Biskuit oder Mandelbiskuit (s. Seite 72)
2 Päckchen gemahlene Gelatine
750 g Himbeeren
100 g Zucker
500 g Magerquark
400 g Sahne
Backpapier und Fett für die Form

ZUBEREITUNG: ca. 40 Min.
RUHEZEIT: ca. 4 Std.

1. Die Form mit Backpapier auslegen, den Rand dünn einfetten. Biskuit oder Mandelbiskuit nach Grundrezept herstellen.
2. Die Gelatine nach Packungsangabe einweichen und quellen lassen. In einem Topf erwärmen, nicht kochen lassen. Die Himbeeren waschen, einige zum Verzieren beiseite legen, den Rest pürieren. Mit Zucker und Quark verrühren. 2–3 EL von der Quarkmasse unter die aufgelöste Gelatine mischen, dann die Gelatine in die Quarkmasse rühren.
3. Die Sahne steif schlagen, 4 EL zum Verzieren beiseite stellen, den Rest unter die Masse rühren. Um den Tortenboden einen Tortenring legen. Die Masse einfüllen und glatt streichen. Die Torte im Kühlschrank fest werden lassen, am besten über Nacht.
4. Vor dem Servieren mit den beiseite gelegten Himbeeren und mit ein paar Sahnetupfen verzieren.

TIPP

Der Kuchen schmeckt auch mit tiefgekühlten Himbeeren sehr gut.

Nährwerte pro Portion:
360 kcal • **13 g** Eiweiß • **19 g** Fett • **34 g** Kohlenhydrate

Käsekuchen ohne Boden

FÜR 1 SPRINGFORM VON 28 CM Ø (12 STÜCK)

1 unbehandelte Zitrone
200 g weiche Butter
200 g Zucker
4 Eier
750 g Magerquark
1 EL Maisgrieß
1 1/2 Päckchen Vanille-Puddingpulver (zum Kochen für 500 ml Milch)
Backpapier und Fett für die Form

ZUBEREITUNG: ca. 30 Min.
BACKZEIT: ca. 1 Std.

1. Den Backofen vorheizen. Die Backform mit Backpapier auslegen, den Rand dünn einfetten. Die Zitrone heiß waschen und trockenreiben. Die Schale abreiben, den Saft auspressen.
2. Die Butter mit Zucker schaumig rühren. Die Eier trennen. Die Eigelbe, Zitronensaft und abgeriebene Zitronenschale hinzufügen und alle Zutaten gründlich vermengen.
3. Den Quark, den Maisgrieß und das Puddingpulver unterrühren. Die Eiweiße steif schlagen und unterheben. Die Masse in die vorbereitete Springform füllen und glatt streichen.
4. Den Kuchen im Ofen bei 220° (Mitte, Umluft 200°) backen. Nach 30 Min. die Temperatur auf 200° (Mitte, Umluft 175°) reduzieren und weiterbacken. Nach weiteren 20 Min. den Kuchen mit Alufolie abdecken, damit er nicht zu dunkel wird. In der Form abkühlen lassen.

VARIANTEN

Sie können abgetropfte Sauerkirschen aus dem Glas auf die Quarkmasse geben und mitbacken.
Auch Rosinen in der Quarkmasse schmecken lecker.

Nährwerte pro Portion:
295 kcal • **11 g** Eiweiß • **17 g** Fett • **25 g** Kohlenhydrate

Fruchtige Walnuss-Muffins

FÜR 1 MUFFINSBLECH MIT 12 VERTIEFUNGEN

200 g Kirschen (ersatzweise Kirschen aus dem Glas)
60 g Walnusskerne
140 g helles glutenfreies Mehl
120 g Buchweizenmehl
3 TL Weinstein-Backpulver
1/2 TL Zimt
1 Ei
180 g Vollrohrzucker
100 ml Rapsöl
1 Päckchen Bourbon-Vanillezucker
250 g Joghurt
Fett oder 12 Papierförmchen für das Muffinsblech

ZUBEREITUNG: ca. 30 Min.
BACKZEIT: ca. 25 Min.

1. Den Backofen vorheizen. Das Muffinsblech fetten oder Papierförmchen in die Vertiefungen setzen.

2. Die Kirschen waschen, entsteinen und in kleine Würfel schneiden. In einem Sieb gut abtropfen lassen. Die Walnüsse hacken. Das Mehl in eine Schüssel sieben, mit Buchweizenmehl, Backpulver, Zimt und den gehackten Walnüssen gut mischen.

3. Das Ei in einer Schüssel aufschlagen und leicht verquirlen. Mit Zucker, Öl, Vanillezucker und Joghurt verrühren. Die Mehlmischung zügig unterrühren. Die Kirschen unterziehen.

4. Den Teig in die Blechvertiefungen füllen. Im Backofen bei 200° (Mitte, Umluft 175°) in 20 – 25 Min. goldgelb backen. 5 Min. abkühlen lassen. Die Muffins aus der Form lösen und nebeneinander auf ein Kuchengitter setzen.

VARIANTEN

Statt mit Kirschen schmecken die Muffins auch mit Himbeeren, Heidelbeeren, Erdbeeren oder anderen Früchten sehr lecker.

Nährwerte pro Portion:

255 kcal • **3 g** Eiweiß • **10 g** Fett • **37 g** Kohlenhydrate

Schoko-Mandel-Törtchen

FÜR 1 MUFFINSBLECH MIT 12 VERTIEFUNGEN

100 g weiche Butter
80 g Vollrohrzucker
1 Prise Salz
1 Päckchen Bourbon-Vanillezucker
3 Eier
100 g Zartbitterschokolade
100 g gemahlene Mandeln
80 g glutenfreies Mehl (ersatzweise Maisstärke)
1 TL Weinstein-Backpulver
200 g Schokoladenglasur (Fertigprodukt)
Fett oder 12 Papierförmchen für das Muffinsblech

ZUBEREITUNG: ca. 30 Min.
BACKZEIT: ca. 25 Min.

1. Den Backofen vorheizen. Das Muffinsblech fetten oder Papierförmchen in die Vertiefungen setzen.

2. Die Butter mit Zucker, Salz und Vanillezucker schaumig rühren. Die Eier verquirlen und nach und nach unterrühren. Schokolade reiben oder im Wasserbad schmelzen lassen. Mit den Mandeln, Mehl und Backpulver mischen und unter den Teig rühren.

3. Den Teig in die Blechvertiefungen füllen und im Ofen bei 200° (Mitte, Umluft 175°) ca. 25 Min. backen. 5 Min. abkühlen lassen.

4. Die Schokoladenglasur im Wasserbad schmelzen lassen. Die Muffins aus der Form lösen, dicht nebeneinander auf ein Kuchengitter setzen und mit dem Schokoguss überziehen.

VARIANTE

In der Weihnachtszeit können Sie 1 gehäuften TL Lebkuchengewürz zum Teig geben und die fertig gebackenen Muffins mit kleinen Marzipansternchen verzieren.

Nährwerte pro Portion:

315 kcal • **5 g** Eiweiß • **23 g** Fett • **25 g** Kohlenhydrate

Kokos-Orangen-Törtchen

FÜR 1 MUFFINSBLECH MIT 12 VERTIEFUNGEN

FÜR DEN TEIG

100 g Marzipanrohmasse
150 g weiche Butter
80 g Zucker
4 Eier
1 Prise Salz
1 TL abgeriebene Schale von 1 unbehandelten Zitrone
50 g Orangeat
125 g Kokosraspel
2 EL Speisestärke (z.B. Mondamin)

FÜR DEN GUSS

125 g Puderzucker
2–3 EL Zitronen- oder Orangensaft
1 TL abgeriebene Orangenschale
Fett oder 12 Papierförmchen für das Muffinsblech

ZUBEREITUNG: ca. 30 Min.
BACKZEIT: ca. 25 Min.

1. Den Backofen vorheizen. Das Muffinsblech fetten oder Papierförmchen in die Vertiefungen setzen.

2. Die Marzipanmasse klein schneiden und mit Butter und Zucker schaumig rühren. Eier, Salz und Zitronenschale unterrühren. Das Orangeat sehr fein hacken und mit den Kokosraspeln und der Speisestärke unter den Teig ziehen.

3. Den Teig in die Blechvertiefungen füllen und im Ofen bei 200° (Mitte, Umluft 175°) in 20–25 Min. goldgelb backen.

4. Die Muffins aus der Form lösen. Den Puderzucker mit dem Saft verrühren und die noch heißen Muffins damit bestreichen. Die Orangenschale auf die Muffins streuen. Die Muffins auf einem Gitter auskühlen lassen.

TIPP

Eine besonders dekorative Verzierung erzielen Sie mit einem so genannten Zestenreißer. Mit diesem Küchenwerkzeug können Sie die Schale der unbehandelten Orange in langen, hauchdünnen Streifen abziehen.

Nährwerte pro Portion:

305 kcal • **4 g** Eiweiß • **21 g** Fett • **26 g** Kohlenhydrate

Plattenkuchen

FÜR 1 BACKBLECH (20 STÜCK)

FÜR DEN TEIG

1 Becher Sahne
1 Becher Zucker
1 Prise Salz
3 Eier
2 Becher helles glutenfreies Mehl
1 Päckchen Weinstein-Backpulver

FÜR DEN BELAG

150 g Butter
3 EL Honig
1 Becher Zucker
1 Päckchen Vanillezucker
200 g Mandelblättchen
Backpapier fürs Blech

ZUBEREITUNG: ca. 35 Min.
BACKZEIT: ca. 30 Min.

1. Den Backofen vorheizen. Das Blech mit Backpapier belegen. Sahne, Zucker und Salz schaumig rühren. Die Eier nach und nach einrühren. Das Mehl mit dem Backpulver mischen und unter die Masse geben. Alle Zutaten gut verrühren. Den Teig auf das Blech geben und im Ofen bei 200° (Mitte, Umluft 175°) 12 Min. backen.

2. Für den Belag die Butter mit Honig, Zucker und Vanillezucker einem Topf erhitzen, die Mandelblättchen hinzufügen und aufkochen. Die Masse auf den vorgebackenen Boden streichen und noch weitere 12–15 Min. backen.

TIPP

Der leere Sahnebecher eignet sich bei diesem Rezept sehr gut als Maß für das Mehl und für den Zucker.

VARIANTE

Anstatt Mandelblättchen können Sie auch Haselnussblättchen verwenden.

Nährwerte pro Portion:

315 kcal • **5 g** Eiweiß • **16 g** Fett • **40 g** Kohlenhydrate

Espressokuchen

FÜR 1 KASTENFORM VON 30 CM LÄNGE (16 STÜCK)

200 g Butter
250 ml abgekühlter Espresso
250 g glutenfreies helles Mehl
1 Päckchen Weinstein-Backpulver
150 g Zartbitterschokolade
175 g Zucker
1 Prise Salz
1 Msp. Zimt
200 g gemahlene Haselnüsse
4 Eier
Backpapier für die Form
Puderzucker zum Bestäuben

ZUBEREITUNG: ca. 30 Min.
BACKZEIT: ca. 1 Std.

1. Den Backofen vorheizen. Die Kastenform mit Backpapier auslegen. Die Butter in einem Topf zerlassen und abkühlen lassen. Den Espresso zubereiten und abkühlen lassen.
2. Das Mehl mit dem Backpulver in eine Schüssel sieben. Die Schokolade reiben. Mit Zucker, Salz, Zimt und den Nüssen zum Mehl geben. Die Eier verquirlen und mit der flüssigen Butter und dem Espresso unter den Teig rühren.
3. Den dünnflüssigen Teig in die Form füllen. Den Kuchen im Ofen bei 200° (Mitte, Umluft 180°) ca. 1 Std. backen.
4. Mit einem Zahnstocher prüfen, ob der Kuchen fertig gebacken ist. 5 Min. in der Form auskühlen lassen. Auf ein Kuchengitter stürzen und das Backpapier abziehen. Den Kuchen mit Puderzucker bestreuen.

TIPPS

Überziehen Sie den Kuchen mit einer Schokoladenglasur.

Wenn Sie den Kuchen in Alufolie wickeln und im Kühlschrank aufbewahren, bleibt er mehrere Tage lang saftig.

Nährwerte pro Portion:

350 kcal • **6 g** Eiweiß • **25 g** Fett • **28 g** Kohlenhydrate

Buchweizentorte

FÜR 1 SPRINGFORM VON 26 CM Ø (12 STÜCK)

250 g weiche Butter
200 g Vollrohrzucker
6 Eier
250 g Buchweizenmehl
250 g gemahlene Mandeln
1 Päckchen Weinstein-Backpulver
1 Glas Preiselbeeren (400 g Inhalt)
Puderzucker zum Bestäuben
Backpapier und Fett für die Form

ZUBEREITUNG: ca. 35 Min.
BACKZEIT: ca. 50 Min.

1. Den Backofen vorheizen. Die Backform mit Backpapier auslegen, den Rand dünn einfetten.
2. Die Butter mit 150 g Vollrohrzucker schaumig rühren. Die Eier trennen. Die Eigelbe nacheinander unterrühren. Das Buchweizenmehl mit den Mandeln und dem Backpulver mischen und in die Masse rühren. Der Teig ist sehr fest.
3. Die Eiweiße mit dem restlichen Vollrohrzucker steif schlagen und unter den Teig heben. Den Teig in die Form füllen und im Ofen bei 200° (Mitte, Umluft 175°) ca. 50 Min. backen. Mit einem Holzstäbchen prüfen, ob der Kuchen fertig gebacken ist. Den Kuchen aus der Form lösen und auf einem Kuchengitter auskühlen lassen.
4. Den Kuchen in der Mitte durchschneiden, die untere Hälfte mit den Preiselbeeren bestreichen und wieder zusammensetzen. Mit Puderzucker bestäuben.

VARIANTE

Verwenden Sie statt der gemahlenen Mandeln doch einmal gemahlene Haselnüsse.

Nährwerte pro Portion:

548 kcal • **10 g** Eiweiß • **33 g** Fett • **54 g** Kohlenhydrate

Französischer Kirschkuchen

FÜR 1 SPRINGFORM VON 28 CM Ø (12 STÜCK)

1 Glas Sauerkirschen (700 g Inhalt)
100 g Zartbitterschokolade
200 g weiche Butter
150 g Vollrohrzucker
4 Eier
125 g helles glutenfreies Mehl
1 TL Weinstein-Backpulver
2 EL Rum (wer mag)
1 TL Zimt
125 g gemahlene Haselnüsse
1 Prise Salz
Puderzucker zum Bestäuben
Backpapier und Fett für die Form

ZUBEREITUNG: ca. 40 Min.
BACKZEIT: ca. 45 Min.

1. Den Backofen vorheizen. Die Backform mit Backpapier auslegen, den Rand dünn einfetten. Die Sauerkirschen abgießen und abtropfen lassen. Die Schokolade reiben.
2. Die Butter mit dem Zucker schaumig rühren. Die Eier trennen. Die Eigelbe nacheinander unterrühren. Das Mehl mit Backpulver mischen und mit Rum, Zimt, Nüssen und der geriebenen Schokolade in die Masse rühren.
3. Die Eiweiße mit dem Salz steif schlagen und unter den Teig heben. Den Teig in die Form füllen. Die abgetropften Sauerkirschen darauf verteilen und leicht in den Teig eindrücken. Den Kuchen im Ofen bei 220° (Mitte, Umluft 200°) ca. 45 Min. backen.
4. Aus der Form lösen und auf einem Kuchengitter auskühlen lassen. Vor dem Servieren mit Puderzucker bestreuen.

TIPP

Den Kuchen können Sie auch problemlos einen Tag vor dem Verzehr backen.

Nährwerte pro Portion:

390 kcal • **5 g** Eiweiß • **27 g** Fett • **33 g** Kohlenhydrate

Zitronenkuchen

FÜR 1 SPRINGFORM VON 26 CM Ø (12 STÜCK)

200 g weiche Butter
200 g Zucker
4 Eier
1 EL abgeriebene Schale von 1 unbehandelten Zitrone
250 g helles glutenfreies Mehl (z. B. Finax oder Mix C von Dr. Schär)
2 TL Weinstein-Backpulver
1 Prise Salz
4 Zitronen
100 g Puderzucker
Backpapier und Fett für die Form

ZUBEREITUNG: ca. 30 Min.
BACKZEIT: ca. 35 Min.

1. Den Backofen vorheizen. Die Form mit Backpapier auslegen, den Rand dünn einfetten. Die Butter mit dem Zucker schaumig rühren. Die Eier trennen und nacheinander mit der Zitronenschale unterrühren. Das Mehl mit dem Backpulver über die Masse sieben und einrühren.
2. Die Eiweiße mit Salz steif schlagen und vorsichtig unter den Teig ziehen. Den Teig in die Form füllen und glatt streichen. Im Ofen bei 200° (Mitte, Umluft 180°) in 30–35 Min. goldgelb backen.
3. Die Zitronen auspressen und den Saft mit dem Puderzucker verrühren. In den noch heißen Kuchen mit einem Schaschlikspieß oder einem Holzstäbchen viele Löcher stechen. Den Kuchen mit dem Zitronensirup bestreichen, bis die Flüssigkeit vollständig aufgenommen ist. Den Kuchen auf einem Kuchengitter auskühlen lassen.

TIPP

Der Kuchen ist sehr saftig und schmeckt auch noch nach einigen Tagen gut.

Nährwerte pro Portion:

340 kcal • **3 g** Eiweiß • **17 g** Fett • **44 g** Kohlenhydrate

Rüblitorte

FÜR 1 SPRINGFORM VON 26 CM Ø (12 STÜCK)

FÜR DEN TEIG

5 Eier
200 g Zucker
1 Prise Salz
1 Prise Zimt
1 Prise gemahlene Nelken
2 cl Kirschwasser (wer mag)
200 g Möhren
50 g Kartoffel- oder Maisstärke
1 TL Weinstein-Backpulver
120 g gemahlene Mandeln
120 g gemahlene Haselnüsse
50 g glutenfreie Semmelbrösel (z.B. Dr. Schär)

FÜR DEN GUSS

200 g Puderzucker
2 EL Zitronensaft
2 EL Kirschwasser (ersatzweise Zitronensaft)
glutenfreie Marzipanmöhrchen zum Verzieren
Backpapier und Fett für die Form

ZUBEREITUNG: ca. 40 Min.
BACKZEIT: ca. 45 Min.

1. Den Backofen vorheizen. Die Backform mit Backpapier auslegen, den Rand dünn einfetten. Die Eier trennen. Die Eigelbe mit 100 g Zucker, Salz, Zimt, Nelken und Kirschwasser schaumig rühren.
2. Die Möhren putzen, schälen und fein reiben. Die Stärke mit dem Backpulver mischen. Mit Mandeln, Nüssen und Semmelbröseln zu den Karotten geben und vermengen.
3. Die Eiweiße mit den restlichen 100 g Zucker steif schlagen und unter den Teig heben. Den Teig in die Form füllen und glatt streichen. Im Ofen bei 200° (Mitte, Umluft 175°) 40–45 Min. backen. Den Kuchen aus der Form lösen und auf einem Kuchengitter auskühlen lassen.
4. Den Puderzucker mit Zitronensaft und Kirschwasser zu einer dicken Glasur verrühren und auf die ausgekühlte Torte streichen. Mit Marzipanmöhrchen verzieren.

TIPPS

Diese Torte kann sehr gut 1 bis 2 Tage vor dem Verzehr gebacken werden. Sie bleibt wunderbar saftig.

Wenn Sie keine glutenfreien Marzipanmöhrchen als Fertigprodukt finden, mischen Sie einfach Marzipanrohmasse mit Puderzucker und mit roter und gelber Lebensmittelfarbe und formen Sie kleine Möhrchen daraus. Für das Grün können Sie Pistazienstückchen verwenden.

Nährwerte pro Portion:

355 kcal • **7 g** Eiweiß • **16 g** Fett • **45 g** Kohlenhydrate

Mandelkuchen

FÜR 1 SPRINGFORM VON 28 CM Ø (12 STÜCK)

6 Eier
1 Prise Salz
250 g Puderzucker
1 Päckchen Bourbon-Vanillezucker
1 Msp. Zimt
1 EL abgeriebene Schale von 1 unbehandelten Zitrone
250 g gemahlene Mandeln
1/2 TL Weinstein-Backpulver
einige Tropfen Zitronensaft
Puderzucker zum Bestäuben
Backpapier und Fett für die Form

ZUBEREITUNG: ca. 30 Min.
BACKZEIT: ca. 50 Min.

1. Den Backofen vorheizen. Die Backform mit Backpapier auslegen, den Rand dünn einfetten. Die Eier trennen. Die Eigelbe mit dem Salz und dem Puderzucker schaumig rühren. Vanillezucker, Zimt und abgeriebene Zitronenschale hinzufügen. Die Mandeln mit dem Backpulver mischen und vorsichtig unterheben. Die Eiweiße mit einigen Tropfen Zitronensaft steif schlagen und unterziehen.
2. Den Teig in die Form füllen. Den Kuchen im Ofen bei 200° (Mitte, Umluft 175°) ca. 50 Min. backen. Auf einem Kuchengitter auskühlen lassen. Vor dem Servieren mit Puderzucker bestäuben.

VARIANTE

Der Mandelkuchen macht sich auch im Schokoladenmantel sehr gut. Den Schokoladenguss können Sie leicht selbst herstellen: Erwärmen Sie dazu 150 g Vollmilchkuvertüre mit 2 EL Sahne im Wasserbad. Oder Sie greifen auf ein Fertigprodukt zurück (z. B. Ruf).

Eine harmonische Verbindung erzielen Sie auch mit gerösteten Mandelblättchen, die Sie über die bereits leicht angetrocknete Schokoladenglasur streuen.

Nährwerte pro Portion:

255 kcal • **7 g** Eiweiß • **15 g** Fett • **24 g** Kohlenhydrate

Grundrezept Mürbeteig

FÜR 1 SPRINGFORM VON 28 CM Ø (12 STÜCK)

200 g helles glutenfreies Mehl
60 g Zucker
1 Prise Salz
1 Ei
90 g kalte Butter
Mehl zum Arbeiten
Backpapier und Fett für die Form

ZUBEREITUNG: ca. 20 Min.
RUHEZEIT: ca. 1 Std.

VARIANTEN

Der Boden eignet sich hervorragend für Apfel-, Rhabarber-, Johannisbeer-, Stachelbeer- oder Käsekuchen.

1. Den Backofen vorheizen. Die Form mit Backpapier auslegen, den Rand dünn einfetten.
2. Das Mehl auf ein Backbrett sieben. Zucker, Salz und Ei dazugeben. Die kalte Butter in kleinen Stücken darauf verteilen. Alle Zutaten schnell zu einem Teig verkneten, der sich ausrollen lässt. Bei Bedarf noch Mehl hinzufügen. In Frischhaltefolie einschlagen und im Kühlschrank etwa 1 Std. kühl stellen.
3. Den Teig in Scheiben schneiden, die Scheiben auf einem bemehlten Backbrett dicht nebeneinander legen und zu einer Teigplatte ausrollen. In die Form legen, einen Rand von 2 – 3 cm formen.
4. Den Teig nach Wunsch belegen (s. unten und Seite 90).

TIPPS

Sie können den Teig gleich auf dem Backpapier ausrollen und in der Form kalt stellen, dann nur 30 Min. kühl stellen.

Sehr hilfreich ist es, wenn Sie 1 TL Fiber-Husk (Flohsamen) unter das Mehl mischen. Der Teig wird dadurch geschmeidiger und lässt sich leichter verarbeiten.

Nährwerte pro Portion:

140 kcal • **1 g** Eiweiß • **7 g** Fett • **19 g** Kohlenhydrate

Rhabarberkuchen mit Cremeguss

FÜR 1 SPRINGFORM VON 28 CM Ø (12 STÜCK)

1 Grundrezept Mürbeteig (s. oben)

FÜR DEN BELAG

1 Päckchen Vanille-Puddingpulver (zum Kochen für 500 ml Milch, z. B. Dr. Oetker)
500 ml Milch
600 g Rhabarber
125 g Butter
3 EL Zucker, 3 Eier
Backpapier und Fett für die Form

ZUBEREITUNG: ca. 40 Min.
BACKZEIT: ca. 45 Min.

TIPP

Der restliche Pudding darf gegessen werden.

1. Den Backofen vorheizen. Die Backform mit Backpapier auslegen, den Rand dünn mit Fett einstreichen. Den Mürbeteig nach dem Grundrezept zubereiten.
2. Den Vanillepudding nach Packungsangabe mit der Milch kochen und abkühlen lassen. Den Rhabarber waschen, dünn schälen, in ca. 2 cm große Würfel schneiden und mit kochendem Wasser blanchieren. In einem Sieb abtropfen lassen.
3. Den Mürbeteig ausrollen, in die Form legen, einen 2 – 3 cm hohen Rand formen. Die abgetropften Rhabarberstücke über den Teig geben. Den Kuchen im Ofen bei 200° (Mitte, Umluft 180°) 20 Min. backen.
4. Inzwischen die Butter mit dem Zucker schaumig rühren. Die Eier trennen. Die Eigelbe mit etwa zwei Drittel des abgekühlten Puddings unterrühren. (Butter und Pudding sollten etwa die gleiche Temperatur haben). Die Eiweiße steif schlagen und unterheben. Die Masse auf den Kuchen geben und weitere 20 – 25 Min. backen, bis die Oberfläche goldbraun ist. 10 Min. in der Form abkühlen lassen, anschließend auf einem Kuchengitter auskühlen lassen und frisch servieren.

Nährwerte pro Portion:

300 kcal • **4 g** Eiweiß • **19 g** Fett • **28 g** Kohlenhydrate

Stachelbeerkuchen

FÜR 1 SPRINGFORM VON 28 CM Ø (12 STÜCK)

1 Grundrezept Mürbeteig (s. Seite 88)
5 Eiweiße
200 g Zucker
125 g geschälte, gemahlene Mandeln
500 g Stachelbeeren
Backpapier und Fett für die Form

ZUBEREITUNG: ca. 20 Min.
RUHEZEIT: ca. 1 Std.
BACKZEIT: ca. 50 Min.

1. Den Mürbeteig nach Grundrezept zubereiten. Den Backofen vorheizen. Die Form mit Backpapier auslegen, den Rand dünn einfetten. Den Teig ausrollen und in die Form legen. Einen Rand von ca. 3 cm formen.

2. Die Eiweiße steif schlagen, dabei den Zucker nach und nach einrieseln lassen, weiter schlagen, bis eine dicke Masse entsteht. Die Mandeln locker unterheben.

3. Ein Drittel der Masse auf den Teig streichen. Unter die restliche Masse die Beeren mischen, über den Teig geben und glatt streichen. Im Ofen bei 250° (Mitte, Umluft 200°) 45 – 50 Min. backen, bis der Kuchen leicht angebräunt ist. Zunächst 10 Min. in der Form, anschließend auf einem Kuchengitter abkühlen lassen.

TIPP

Sie können auch gefrorene Früchte verwenden. Diese jedoch nicht auftauen.

VARIANTE

Anstelle der Stachelbeeren passen auch Johannisbeeren sehr gut.

Nährwerte pro Portion:

295 kcal • **5 g** Eiweiß • **13 g** Fett • **41 g** Kohlenhydrate

Apfelkuchen mit Zimtguss

FÜR 1 SPRINGFORM VON 28 CM Ø (12 STÜCK)

1 Grundrezept Mürbeteig (s. Seite 88)
2 EL glutenfreie Semmelbrösel (ersatzweise gemahlene Haselnüsse)
5 – 6 säuerliche Äpfel (z. B. Boskop)
2 Eier
100 g Zucker
125 g saure Sahne
1 gehäufter TL Zimt
50 g gehackte Mandeln
Fett und Backpapier für die Form

ZUBEREITUNG: ca. 20 Min.
RUHEZEIT: ca. 1 Std.
BACKZEIT: ca. 50 Min.

1. Den Mürbeteig nach Grundrezept herstellen. Den Backofen vorheizen. Die Form mit Backpapier auslegen, den Rand dünn einfetten. Den Teig ausrollen, in die Form legen und mit glutenfreien Semmelbröseln bestreuen.

2. Die Äpfel schälen, in Spalten schneiden und fächerförmig auf dem Teig anordnen. Die Eier mit dem Zucker schaumig rühren. Die saure Sahne und den Zimt einrühren. Die gehackten Mandeln hinzufügen. Die Masse über die Äpfel streichen.

3. Im Ofen bei 200° (Mitte, Umluft 175°) ca. 50 Min. backen. Noch 10 Min. im ausgeschalteten Ofen stehen lassen. Zunächst 10 Min. in der Form, anschließend auf einem Kuchengitter abkühlen lassen.

Nährwerte pro Portion:

260 kcal • **3 g** Eiweiß • **12 g** Fett • **35 g** Kohlenhydrate

Linzer Torte

FÜR 1 SPRINGFORM VON 28 CM Ø (12 STÜCK)

200 g helles glutenfreies Mehl (z. B. Mix C von Dr. Schär)
150 g Zucker
1 Päckchen Vanillezucker
200 g gemahlene Mandeln
1 TL gemahlener Zimt
1 Msp. gemahlene Nelken
1 Ei
2 cl Kirschwasser (wer mag)
200 g kalte Butter
200 g Himbeerkonfitüre
1 Eigelb
Fett für die Form

ZUBEREITUNG: ca. 40 Min.
RUHEZEIT: ca. 1 Std.
BACKZEIT: ca. 1 Std.

1. Die Backform fetten. Mehl, Zucker, Vanillezucker, Mandeln, Zimt und Nelken mischen. Auf ein Backbrett geben und eine Mulde in die Mitte drücken. Das Ei und das Kirschwasser hineingeben, die Butter in Flöckchen auf den Rand setzen und alles mit kalten Händen rasch zu einem glatten Teig verkneten. Den Teig in Frischhaltefolie wickeln und ca. 1 Std. kalt stellen.

2. Den Backofen vorheizen. Die Hälfte des Teiges auf einem bemehlten Backbrett ca. 5 mm dick ausrollen, in die Form legen und einen 1 cm breiten Rand formen. Die Konfitüre darauf verstreichen. Den restlichen Teig ausrollen und mit einer Ausstechform Herzen oder runde Formen mit Wellenrand ausstechen. Die Herzen oder Kreise auf dem Kuchen anordnen und mit Eigelb bestreichen.

3. Die Linzer Torte im Ofen bei 200° (Mitte, Umluft 175°) ca. 1 Std. backen. Den Kuchen aus der Form lösen und auf einem Kuchengitter auskühlen lassen.

TIPPS

Die Linzer Torte lässt sich in Alufolie eingewickelt sehr gut für 1 – 2 Wochen aufbewahren.
In der Weihnachtszeit sehen auch ausgestochene Sterne statt Herzen sehr schön aus.

VARIANTE

Verwenden Sie für die Linzer Torte statt Himbeerkonfitüre doch einmal Aprikosenkonfitüre: sehr lecker!

Nährwerte pro Portion:
300 kcal • **1 g** Eiweiß • **15 g** Fett • **37 g** Kohlenhydrate

SABRE

Buttergebäck

ERGIBT CA. 50 STÜCK
150 g weiche Butter
120 g Puderzucker
2 TL Vanillezucker
1 Ei
70 g gemahlene Mandeln
250 g helles glutenfreies Mehl (z. B. Finax oder Mix C von Schär)
Mehl zum Arbeiten
Backpapier fürs Blech

ZUBEREITUNG: ca. 30 Min.
RUHEZEIT: ca. 1 Std.
BACKZEIT: ca. 8 Min.

1. Das Backblech mit Backpapier belegen. Butter, Puderzucker und Vanillezucker schaumig rühren. Das Ei hinzufügen und 2 Min. weiterrühren. Nach und nach Mandeln und Mehl unterkneten. Der Teig ist noch etwas weicher, als er zum Ausrollen sein muss, er trocknet noch nach. Den Teig in Frischhaltefolie eingewickelt für ca. 1 Std. im Kühlschrank kalt stellen.
2. Den Backofen vorheizen. Den Teig auf einem bemehlten Backbrett ca. 2 mm dick ausrollen, mit verschiedenen Ausstechformen Plätzchen ausstechen und auf die Bleche legen. Das Gebäck im Ofen bei 220° (Mitte, Umluft 200°) in ca. 8 Min. goldgelb backen. Mit dem Papier vom Blech ziehen und abkühlen lassen.

TIPP

Wer hat, kann 1 TL Fiber-Husk (Flohsamen) unter das Mehl mischen. Der Teig lässt sich dann besser verarbeiten.

VARIANTEN

Bestreichen Sie die Plätzchen mit Zuckerguss und verzieren Sie sie mit bunten glutenfreien Streuseln.

SPITZBUBEN
Aus dem Teig gleich große runde Plätzchen ausstechen, bei der Hälfte der Kreise kleine Ringe ausstechen. Nach dem Backen die ganzen Kreise mit Johannisbeergelee bestreichen, die Kreise mit Loch darauf setzen. Die Spitzbuben mit Puderzucker bestäuben.

MAKRONENGEBÄCK
Kleine Makronenhäufchen in die Mitte der Plätzchen setzen und mitbacken: schmeckt lecker und sieht hübsch aus.

HILDATÖRTCHEN
Formen Sie kleine Kugeln (ca. 2 cm) aus dem Teig und drücken Sie mit dem Kochlöffelstiel eine Vertiefung in die Mitte. Füllen Sie die Vertiefung mit Himbeerkonfitüre.

TERRASSEN
Stechen Sie 3 verschiedene Größen von runden Plätzchen aus und setzen Sie diese nach dem Backen mit Nuss-Nougat-Creme oder Konfitüre zu Terrassen zusammen. Diese können Sie mit Puderzucker bestäuben.

Nährwerte pro Portion:
60 kcal • **1 g** Eiweiß • **3 g** Fett • **7 g** Kohlenhydrate

Edle Pistazienstangen

ERGIBT CA. 50 STÜCK

200 g helles glutenfreies Mehl (z. B. Finax)
170 g kalte Butter
125 g Zucker
1 Päckchen Vanillezucker
100 g gemahlene Pistazien
100 g gemahlene Mandeln
3 Tropfen Bittermandelöl
200 g Schokoladenglasur (Fertigprodukt)
20 g gehackte Pistazien
Mehl zum Arbeiten
Backpapier fürs Blech

ZUBEREITUNG: ca. 40 Min.
RUHEZEIT: ca. 1 Std.
BACKZEIT: ca. 10 Min.

1. Die Backbleche mit Backpapier belegen. Das Mehl auf ein Backbrett sieben. Die Butter in kleine Stücke schneiden und mit dem Zucker, Vanillezucker, den gemahlenen Pistazien, Mandeln und Bittermandelöl zum Mehl geben und rasch zu einem Teig verkneten. Bei Bedarf noch etwas Mehl hinzufügen. In Frischhaltefolie gewickelt 1 Std. im Kühlschrank kalt stellen.

2. Den Backofen vorheizen. Den Teig auf einem mit Mehl bestäubten Backbrett 0,5 cm dick ausrollen. Mit einem Teigrädchen oder mit einem Messer ca. 6 x 2 cm lange Streifen schneiden. Die Stangen vorsichtig auf das Blech legen und im Ofen bei 190° (Mitte, Umluft 170°) 9 – 10 Min. backen.

3. Die Stangen auf dem Blech abkühlen lassen, sonst zerbrechen sie. Zur Hälfte mit Schokoladenglasur überziehen und mit gehackten Pistazien bestreuen.

TIPP

Bewahren Sie die Pistazienstangen in einer Blechdose auf, dann bleiben sie schön mürbe.

Nährwerte pro Portion:
95 kcal • **1 g** Eiweiß • **6 g** Fett • **9 g** Kohlenhydrate

Zitronenherzen

ERGIBT CA. 40 STÜCK

3 Eigelbe
120 g Zucker
1 Päckchen Vanillezucker
5 Tropfen Zitronenaroma (z. B. Dr. Oetker)
200 g gemahlene Mandeln
100 g Puderzucker + etwas zum Arbeiten
2 – 3 EL Zitronensaft
Backpapier fürs Blech

ZUBEREITUNG: ca. 30 Min.
BACKZEIT: ca. 15 Min.

1. Den Backofen vorheizen. Die Backbleche mit Backpapier belegen. Eigelbe mit Zucker, Vanillezucker und Zitronenaroma schaumig rühren. Die Mandeln hinzufügen und alle Zutaten zu einem geschmeidigen Teig kneten.

2. Den Teig auf einem mit Puderzucker bestreuten Backbrett ca. 3 mm dick ausrollen. Herzen ausstechen und auf die Bleche legen. Im Ofen bei 180° (Mitte, Umluft 160°) in 12 – 15 Min. backen.

3. Den Puderzucker mit Zitronensaft zu einer Glasur verrühren und die noch heißen Herzen damit bestreichen. Mit dem Papier vom Blech ziehen und abkühlen lassen.

TIPP

Eier sparen: Backen Sie die Zitronenherzen am gleichen Tag wie Plätzchen, bei denen Eigelbe übrig bleiben, z. B. Makronen.

Nährwerte pro Portion:
55 kcal • **1 g** Eiweiß • **3 g** Fett • **6 g** Kohlenhydrate

Kokos-Marzipan-Makronen

ERGIBT CA. 50 STÜCK

150 g Kokosraspel
4 Eiweiße
300 g Marzipanrohmasse
200 g Puderzucker
1 TL abgeriebene Schale von 1 unbehandelten Zitrone
1 EL Rum (ersatzweise 10 Tropfen Rum-Aroma)
5 EL Zucker
200 g Schokoladenglasur (Fertigprodukt)
Backpapier fürs Blech

ZUBEREITUNG: ca. 40 Min.
BACKZEIT: ca. 20 Min.

1. Den Backofen vorheizen. Die Backbleche mit Backpapier belegen. Die Kokosraspel auf ein Backblech streuen und im Backofen bei 100° ca. 15 Min. trocknen lassen. Abkühlen lassen.

2. Die Eiweiße steif schlagen. Marzipan in Stücke schneiden und mit Puderzucker, Zitronenschale und Rum unter die Eiweiße mischen. Die Kokosraspel hinzufügen und alle Zutaten zu einer zähflüssigen Masse verrühren.

3. Mit zwei Teelöffeln kleine Häufchen auf die vorbereiteten Bleche setzen. Die Makronen mit Zucker bestreuen. Die Makronen im Ofen bei 180° (Mitte, Umluft 160°) ca. 20 Min. backen, bis die Oberfläche goldbraun ist. Auf einem Kuchengitter abkühlen lassen.

4. Die Schokoladenglasur im Wasserbad schmelzen lassen und damit die Makronen verzieren: Entweder Sie überziehen die Makronen jeweils zur Hälfte mit dem Guss oder Sie füllen die Glasur in einen Gefrierbeutel, schneiden eine winzige Ecke ab und spritzen dann Gitter oder Spiralen auf die Makronen.

Nährwerte pro Portion:

90 kcal • **1 g** Eiweiß • **5 g** Fett • **11 g** Kohlenhydrate

Haselnuss-Makronen

ERGIBT CA. 40 STÜCK

3 Eiweiße
1 Prise Salz
150 g Zucker
250 g gemahlene Haselnüsse
Backpapier fürs Blech

ZUBEREITUNG: ca. 25 Min.
RUHEZEIT: ca. 4 Std.
BACKZEIT: ca. 20 Min.

1. Die Bleche mit Backpapier belegen. Die Eiweiße mit dem Salz steif schlagen. Die Hälfte des Zuckers hinzufügen und weiterschlagen, bis die Masse glänzt. Den restlichen Zucker unterrühren.

2. Die Haselnüsse unter die Eiweißmasse ziehen. Mit zwei Teelöffeln Makronen auf die Backbleche setzen. Die Makronen 3–4 Std. bei Zimmertemperatur trocknen lassen.

3. Den Backofen vorheizen. Die Makronen bei 175° (Mitte, Umluft 150°) 15–20 Min. backen. Auf einem Kuchengitter auskühlen lassen.

VARIANTEN

Ersetzen Sie die gemahlenen Haselnüsse durch gemahlene Walnüsse, Mandeln oder Kokosflocken.

Makronen mit Aromen: Zimt, Bourbon-Vanillezucker, Bittermandelöl, Butter-Vanille-Aroma, abgeriebene Zitronenschale oder Schokoladenstückchen verleihen den Makronen eine besondere Note.

Nährwerte pro Portion:

57 kcal • **1 g** Eiweiß • **4 g** Fett • **4 g** Kohlenhydrate

Marzipan-Kipferl

ERGIBT CA. 40 STÜCK

500 g Marzipanrohmasse
150 g Zucker
2 Eiweiße
1 EL abgeriebene Schale von 1 unbehandelten Zitrone
10 Tropfen Bittermandelöl
100 g Mandelblättchen
200 g Schokoladenglasur (z. B. Ruf)
Backpapier fürs Blech

ZUBEREITUNG: ca. 30 Min.
BACKZEIT: ca. 15 Min.

1. Den Backofen vorheizen. Die Bleche mit Backpapier belegen. Die Marzipanmasse mit Zucker, Eiweißen, Zitronenschale und Bittermandelöl zu einem Teig verkneten. Mit angefeuchteten Fingern etwa 6 cm lange Röllchen formen. Die Mandelblättchen auf einen Teller geben, die Röllchen darin wälzen und zu Hörnchen formen.
2. Die Kipferl auf die Bleche setzen und im Ofen bei 200° (Mitte, Umluft 175°) in 12–15 Min. goldgelb backen. Auf einem Kuchengitter auskühlen lassen.
3. Die Schokoladenglasur im Wasserbad schmelzen lassen und die Enden der Kipferl damit bestreichen.

VARIANTE

Ersetzen Sie die Mandeln durch gehackte Pistazien.

TIPPS

Die Kipferl können Sie auch doppelt so groß backen, dann beträgt die Backzeit ca. 20 Min.

In einer Dose aufbewahrt, halten sich die Kipferl mindestens 1 Woche.

Nährwerte pro Portion:

115 kcal • **2 g** Eiweiß • **6 g** Fett • **13 g** Kohlenhydrate

Schokoladenbrot

ERGIBT CA. 40 STÜCK

250 g Zartbitterschokolade
250 g weiche Butter
150 g Zucker
6 Eier
250 g gemahlene Mandeln
3 EL helles glutenfreies Mehl (ersatzweise Maisstärke)
200 g Schokoladenglasur (z. B. Ruf)
Backpapier fürs Blech

ZUBEREITUNG: ca. 25 Min.
BACKZEIT: ca. 45 Min.

1. Den Backofen vorheizen. Das Blech mit Backpapier belegen. Die Schokolade im Wasserbad schmelzen lassen. Leicht abkühlen lassen.
2. Die Butter mit dem Zucker schaumig rühren, die Eier nach und nach unterrühren. Mandeln, flüssige Schokolade und Mehl unterrühren. Die Masse ca. 1,5–2 cm dick auf das vorbereitete Blech streichen und im Ofen bei 175° (Mitte, Umluft 150°) 40–45 Min. backen. Auf dem Blech auskühlen lassen.
3. Die Schokoladenglasur im Wasserbad schmelzen lassen und das Schokoladenbrot damit überziehen. Die Glasur leicht antrocknen lassen. Das Schokoladenbrot in etwa 4x6 cm große Rechtecke schneiden.

TIPP

Die gemahlenen Mandeln können Sie durch gemahlene Haselnüsse ersetzen.

Nährwerte pro Portion:

170 kcal • **3 g** Eiweiß • **14 g** Fett • **9 g** Kohlenhydrate

Wespennester

ERGIBT CA. 100 STÜCK

250 g Mandelblättchen
200 g Zucker
4 Eiweiße
1 Prise Salz
1 EL abgeriebene Orangenschale
150 g Schokoladenraspel
Backpapier fürs Blech

ZUBEREITUNG: ca. 45 Min.
RUHEZEIT: ca. 1 Std.
BACKZEIT: ca. 20 Min.

1. Die Backbleche mit Backpapier belegen. In einer beschichteten Pfanne die Mandeln mit 100 g Zucker und 2 EL Wasser bei niedriger Temperatur unter Rühren leicht anrösten. Abkühlen lassen.
2. Die Eiweiße steif schlagen, 100 g Zucker, Salz und Orangenschale unterrühren. Die Schokoladenraspel und die erkaltete Mandelmasse unterziehen. Mit einem Teelöffel kleine Häufchen auf die Bleche setzen. Etwa 1 Std. trocknen lassen.
3. Den Backofen vorheizen. Die Wespennester bei 175° (Mitte, Umluft 160°) ca. 20 Min. backen. Mit dem Papier vom Blech ziehen und abkühlen lassen.

Nährwerte pro Portion:
30 kcal • **1 g** Eiweiß • **2 g** Fett • **3 g** Kohlenhydrate

Walnusstaler

ERGIBT CA. 50 STÜCK

100 g Zartbitterschokolade
200 g gemahlene Walnüsse
50 g gemahlene Mandeln + etwas zum Arbeiten
200 g Puderzucker
1/2 TL Zimt
1/2 TL gemahlene Nelken
2 Eiweiße
1 EL Kirschwasser (wer mag)
2 EL Vollrohrzucker
50 Walnusshälften zum Verzieren
Backpapier fürs Blech

ZUBEREITUNG: ca. 30 Min.
RUHEZEIT: ca. 2 Std.
BACKZEIT: ca. 10 Min.

1. Die Bleche mit Backpapier belegen. Die Schokolade fein reiben. Mit Nüssen, Mandeln, Puderzucker, Zimt und Nelken mischen.
2. Die Eiweiße cremig, nicht steif schlagen, mit der Schokoladenmischung und dem Kirschwasser verrühren, bis ein fester, formbarer Teig entsteht. Bei Bedarf noch Mandeln unter den Teig kneten.
3. Das Backbrett mit dem Zucker bestreuen und aus dem Teig 3 Rollen mit etwa 3 cm Durchmesser formen. Einzeln in Frischhaltefolie wickeln und 2 Std. im Kühlschrank kalt stellen.
4. Den Backofen vorheizen. Von den Rollen ca. 1 cm dicke Taler abschneiden, auf die Bleche legen und jeweils mit einer Walnusshälfte verzieren. Im Ofen bei 220 (Mitte, Umluft 200°) ca. 8–10 Min. backen. Mit dem Papier vom Blech ziehen und abkühlen lassen.

Nährwerte pro Portion:
80 kcal • **2 g** Eiweiß • **6 g** Fett • **6 g** Kohlenhydrate

Sonntagsbrötchen

FÜR 12 BRÖTCHEN

1 EL Fiber-Husk (Flohsamen, Finax)
400 ml lauwarmes Wasser
500 g helles glutenfreies Mehl
1 Päckchen Trockenhefe
1 TL Zucker
1 1/2 TL Salz
30 g weiche Butter
1 EL Obstessig
Mohnsamen, Sesamsaat, Sonnenblumenkerne zum Bestreuen
Backpapier fürs Blech

ZUBEREITUNG: ca. 30 Min.
RUHEZEIT: ca. 40 Min.
BACKZEIT: ca. 30 Min.

1. Das Fiber-Husk in 400 ml lauwarmes Wasser einrühren und 10 Min. quellen lassen. Das Backblech mit Backpapier belegen.
2. Das Mehl mit Hefe, Zucker und Salz mischen. Mit dem Fiber-Husk-Wasser, Butter und Obstessig zu einem geschmeidigen Teig verkneten. Der Teig sollte sich von der Schüssel lösen. Bei Bedarf noch etwas Mehl hinzufügen.
3. Mit dem angefeuchteten Teigschaber den Teig in 12 gleich große Stücke teilen. Mit nassen Händen Brötchen formen. Die Brötchen auf das Backblech setzen und mit den Körnern bestreuen. Die Körner leicht andrücken. Im warmen Backofen etwa 25 – 30 Min. gehen lassen (s. Tipps).
4. Das Blech aus dem Ofen nehmen. Den Backofen vorheizen. Die Brötchen bei 225° (Mitte, Umluft 200°) in etwa 30 Min. goldbraun backen. Nach dem Backen auf einem Kuchengitter auskühlen lassen.

TIPPS

Glutenfreier Teig braucht viel Feuchtigkeit, um gut aufzugehen. Die folgende Methode hat sich gut bewährt: Den Backofen kurz auf 50 °C heizen, dann ausschalten (ca. 35 °C). Die Brötchen auf dem Blech oder das Brot in der Form in den Ofen schieben, darüber einen Gitterrost mit einem feuchten Geschirrtuch bedecken. Das Geschirrtuch vor dem Backen bitte unbedingt wieder herausnehmen!

Stellen Sie sich eine Schale mit Wasser bereit, in der Sie die Hände beim Formen der Brötchen immer wieder nass machen können.

FIBER-HUSK (Flohsamen)

Das Fiber-Husk macht den Teig geschmeidig und hat besonders gute Quelleigenschaften. Er nimmt dadurch sehr viel Flüssigkeit auf und hält diese besser in den glutenfreien Backwaren. So trocknen diese nicht so schnell aus. Fiber-Husk hält erst seit kurzem Einzug in die glutenfreie Küche.

Nährwerte pro Portion:

205 kcal • **2 g** Eiweiß • **6 g** Fett • **36 g** Kohlenhydrate

Vollkornfladenbrötchen oder Vollkornbrot

FÜR 12 FLADENBRÖTCHEN ODER 1 KASTENFORM VON 28 CM LÄNGE

500 g 4-Korn-Mischung (z. B. Werz)
50 g Leinsamen
50 g Reiskleie
150 g Trockensauerteig (z. B. Hammermühle)
1 Päckchen Trockenhefe
1 TL Meersalz
1 TL Vollrohrzucker
1 EL Olivenöl
550 ml lauwarmes Wasser
Sonnenblumenkerne zum Bestreuen
Backpapier fürs Blech
Fett für die Form

ZUBEREITUNG: ca. 30 Min.
RUHEZEIT: ca. 30 Min.
BACKZEIT: ca. 30 Min.

1. Das Blech mit Backpapier belegen oder die Form fetten. Die Mehlmischung mit Leinsamen, Reiskleie, Sauerteig, Trockenhefe, Salz und Zucker mischen. Mit Öl und Wasser zu einem nicht zu festen Teig verrühren.

2. Mit nassen Händen 12 runde Brötchen formen und aufs Blech setzen oder den Teig in die Form füllen. Mit Sonnenblumenkernen bestreuen, diese leicht andrücken. Die Brötchen oder das Brot im warmen Backofen ca. 30 Min. gehen lassen (s. Seite 104, Tipps).

3. Aus dem Ofen nehmen und den Backofen vorheizen. Im Backofen bei 250° (Mitte, Umluft 220°) ca. 10 Min. backen. Die Hitze auf 225° (Umluft 200°) reduzieren und weitere 15 – 20 Min. backen. Nach dem Backen das Brot aus der Form stürzen. Die Brötchen auf einem Kuchengitter auskühlen lassen.

VARIANTE

Sie können den Teig auch mit Sesamsaat, Mohnsamen oder Buchweizenflocken bestreuen.

Nährwerte pro Portion:

245 kcal • **7 g** Eiweiß • **6 g** Fett • **40 g** Kohlenhydrate

Hefefreie Brötchen

FÜR 10 BRÖTCHEN

250 g helles glutenfreies Mehl (z.B. Hammermühle hell)
2 TL Weinstein-Backpulver
1/2 TL Salz
150 g Magerquark
6 EL Milch
1 kleines Ei
6 EL Rapsöl
Mohnsamen, Sesamsaat oder Sonnenblumenkerne zum Bestreuen
Backpapier fürs Blech

ZUBEREITUNG: ca. 20 Min.
RUHEZEIT: ca. 30 Min.
BACKZEIT: ca. 25 Min.

1. Das Mehl mit dem Backpulver und dem Salz mischen. Den Magerquark mit Milch, Ei und Öl verrühren und mit der Mehlmischung zu einem Teig verkneten. Bei Bedarf noch etwas Mehl hinzufügen. Den Teig in Frischhaltefolie einschlagen und im Kühlschrank 30 Min. ruhen lassen.

2. Den Backofen vorheizen. Das Backblech mit Backpapier belegen. Den Teig in 10 gleiche Teile schneiden. Mit feuchten Händen Brötchen formen, mit einem scharfen Messer über Kreuz einschneiden und aufs Blech setzen. Mit Mohn, Sesam oder Sonnenblumenkernen bestreuen. Die Kerne leicht andrücken.

3. Die Brötchen im Backofen bei 200° (Mitte, Umluft 180°) etwa 25 Min. backen. Nach dem Backen auf einem Kuchengitter auskühlen lassen.

VARIANTE

Sie können auch süße Brötchen backen: dann 1 Prise Salz, 6 EL Zucker und 1 TL abgeriebene Zitronenschale zugeben. Auch 50 g Rosinen im Teig schmecken lecker. Dann vor dem Backen die Brötchen mit Eigelb bestreichen.

Nährwerte pro Portion:

200 kcal • **5 g** Eiweiß • **10 g** Fett • **23 g** Kohlenhydrate

Weißbrötchen oder Weißbrot

FÜR 12 BRÖTCHEN ODER 1 KASTENFORM VON 24 CM LÄNGE

1 TL Fiber-Husk (Flohsamen, Finax)
450 ml lauwarmes Wasser
500 g Brotmehlmischung für Weißbrot (z. B. Mix B von Dr. Schär)
1 Päckchen Trockenhefe
1 TL Zucker
3 EL Olivenöl
Backpapier fürs Blech
Fett für die Form

ZUBEREITUNG: ca. 20 Min.
RUHEZEIT: ca. 40 Min.
BACKZEIT: ca. 50 Min.

1. Das Fiber-Husk in 450 ml lauwarmes Wasser einrühren und 10 Min. quellen lassen. Das Blech mit Backpapier belegen oder die Form fetten.
2. Das Mehl mit Hefe und Zucker mischen. Mit 1 EL Öl und dem Fiber-Husk-Wasser gründlich zu einem geschmeidigen, nicht zu festen Teig verkneten, der sich gut formen lässt.
3. Mit nassen Händen 12 gleich große Brötchen formen und aufs Blech setzen oder den Teig in die Form füllen. Die Brötchen oder das Brot im warmen Backofen (s. Seite 104, Tipps) etwa 30–40 Min. gehen lassen, bis sich ihr Volumen verdoppelt hat.
4. Das Blech aus dem Ofen nehmen und den Backofen vorheizen. Die Brötchen oder das Brot im Ofen bei 225° (Mitte, Umluft 200°) etwa 40 Min. backen. Dann das Brot mit 2 EL Öl bestreichen und in 10 Min. fertig backen. Nach dem Backen auf einem Kuchengitter auskühlen lassen.

TIPP

Idealer Teig für ein schönes lockeres Weißbrot. Aus diesem Teig lässt sich auch gut Baguette backen.

VARIANTE

Für Sonnenblumenbrötchen mischen Sie 30 g Sonnenblumenkerne unter den Teig, bestreichen die Brötchen mit etwas Sahne und bestreuen diese mit Sonnenblumenkernen. Die Kerne mit der flachen Hand leicht andrücken. Die Brötchen ca. 30 Min. backen.

Nährwerte pro Portion:

175 kcal • **1 g** Eiweiß • **3 g** Fett • **35 g** Kohlenhydrate

Kartoffelbrot

FÜR 1 KASTENFORM VON 28 CM LÄNGE (20 SCHEIBEN)

1 Würfel Hefe (42 g)
1 TL Zucker
150 g lauwarme Buttermilch (ersatzweise Wasser)
200 g mehlig kochende Kartoffeln (am besten vom Vortag)
500 g glutenfreies Mehl (z. B. Hammermühle rustikal)
1 EL Salz
300 ml lauwarmes Wasser
2 EL Öl
Fett für die Form

ZUBEREITUNG: ca. 45 Min.
RUHEZEIT: ca. 30 – 40 Min.
BACKZEIT: ca. 1 Std.

1. Die Hefe zerbröckeln, mit Zucker und Buttermilch glatt rühren und 10 Min. ruhen lassen.

2. Die Kastenform dünn einfetten. Die am Vortag gekochten Kartoffeln schälen und durch die Kartoffelpresse drücken. Mit Mehl, Salz, Hefemilch und Wasser zu einem zähen Teig verkneten. Das Öl einarbeiten. Den Teig in die Form geben und mit einem angefeuchteten Teigschaber glatt streichen. Im warmen Ofen 30 – 40 Min. gehen lassen (s. Seite 104, Tipps).

3. Die Form aus dem Ofen nehmen und den Backofen vorheizen. Das Brot bei 225° (Mitte, Umluft 200°) ca. 1 Std. backen. Nach dem Backen aus der Form stürzen und auf einem Kuchengitter auskühlen lassen.

VARIANTE

Kerniger und aromatischer wird das Brot, wenn Sie 50 g Sonnenblumenkerne, 50 g Buchweizenflocken oder 50 g gehackte Walnüsse unter den Teig mischen.

Nährwerte pro Portion:
110 kcal • **1 g** Eiweiß • **2 g** Fett • **22 g** Kohlenhydrate

Reisbrot

FÜR 1 KASTENFORM VON 24 CM LÄNGE (16 SCHEIBEN)

1 Würfel Hefe (42 g)
1 TL Vollrohrzucker
400 ml lauwarmes Wasser
250 g Vollreismehl (z. B. Werz)
150 g Kartoffelstärke
100 g feine Reiskleie (z. B. Werz)
2 TL Guarkernmehl
1 TL Salz
1 TL Apfelessig
2 EL Rapsöl zum Bestreichen
Fett für die Form

ZUBEREITUNG: ca. 30 Min.
RUHEZEIT: ca. 40 Min.
BACKZEIT: ca. 1 Std.

1. Die Hefe mit dem Zucker und 100 ml lauwarmem Wasser verrühren und einige Min. ruhen lassen, bis sich Blasen bilden. Die Backform fetten.

2. Das Vollreismehl mit Kartoffelstärke, Reiskleie, Guarkernmehl und Salz mischen. Das Hefewasser, den Essig und 300 ml Wasser hinzufügen und – am besten mit der Küchenmaschine – gründlich verkneten.

3. Den Teig in die Form füllen, mit einem angefeuchteten Teigschaber glatt streichen und 30 – 40 Min. im warmen Ofen gehen lassen (s. Tipps).

4. Die Form aus dem Ofen nehmen und den Backofen vorheizen. Das Brot bei 225° (Mitte, Umluft 200°) backen. Nach etwa 50 Min. das Brot mit Öl bestreichen und in 10 Min. fertig backen. Nach dem Backen auf ein Kuchengitter stürzen und auskühlen lassen.

VARIANTE

Wer will, gibt jeweils 50 g Leinsamen, Sonnenblumenkerne oder gehackte Nüsse zum Teig. Dann 50 ml mehr Flüssigkeit verwenden.

Nährwerte pro Portion:
125 kcal • **2 g** Eiweiß • **2 g** Fett • **26 g** Kohlenhydrate

Kerniges Joghurt-Mischbrot

FÜR 1 LÄNGLICHES BROT (20 SCHEIBEN)

400 g Mehl-Mix rustikal (z. B. Hammermühle)
100 g Buchweizenmehl
1 TL Zucker
1 Päckchen Trockenhefe
2 TL Salz
50 g Leinsamen
50 g Sonnenblumenkerne
200 g Joghurt
250 ml lauwarmes Wasser
4 EL Rapsöl
Backpapier fürs Blech

ZUBEREITUNG: ca. 30 Min.
RUHEZEIT: ca. 40 Min.
BACKZEIT: ca. 1 Std.

1. Die beiden Mehlsorten mit Zucker, Trockenhefe, Salz, Leinsamen und Sonnenblumenkernen mischen. Das Backblech mit Backpapier belegen.

2. Den Joghurt mit Wasser und 2 EL Öl verrühren. Bei milder Hitze nur leicht erwärmen (ca. 35°) und zur Mehlmischung geben. Alle Zutaten gründlich verkneten – am besten mit der Küchenmaschine – und zu einem geschmeidigen Teig verarbeiten.

3. Aus dem Teig ein längliches Brot formen und aufs Blech setzen. Mit einem scharfen Messer einschneiden und 30 – 40 Min. im warmen Ofen gehen lassen (s. Seite 104, Tipps).

4. Das Brot aus dem Ofen nehmen. Den Backofen vorheizen. Das Brot bei 250° (Mitte, Umluft 220°) zunächst ca. 10 Min. backen. Dann die Temperatur auf 225° (Umluft 200°) reduzieren und 40 Min. weiterbacken. Das Brot mit 2 EL Öl bestreichen und in 10 Min. fertig backen. Nach dem Backen auf ein Kuchengitter stürzen und auskühlen lassen.

TIPP

Für ein laktosefreies Brot verwenden Sie laktosefreien Joghurt.

VARIANTE

Ersetzen Sie das Buchweizenmehl durch Kastanienmehl. Das ergibt eine kräftige Note.

Nährwerte pro Portion:

130 kcal • **3 g** Eiweiß • **4 g** Fett • **21 g** Kohlenhydrate

Amaranthbrot mit Leinsamen

FÜR 1 KASTENFORM VON 30 CM LÄNGE (22 SCHEIBEN)

1 Würfel Hefe (42 g)
1 TL Zucker
550 ml lauwarmes Wasser
500 g helles glutenfreies Mehl (z. B. Mix B von Dr. Schär)
150 g gemahlener Amaranth (ersatzweise Buchweizenmehl)
1 TL Salz
100 g Leinsamen
1 EL Apfelessig
2 EL Rapsöl
Fett für die Form

ZUBEREITUNG: ca. 30 Min.
RUHEZEIT: ca. 40 Min.
BACKZEIT: ca. 1 Std.

1. Die Hefe zerbröckeln, mit Zucker und etwa 100 ml Wasser glatt rühren. Einige Min. ruhen lassen, bis sich Blasen bilden. Die Form dünn einfetten.

2. Das Mehl mit Amaranth, Salz, Leinsamen, Apfelessig, Hefewasser und dem restlichen Wasser zu einem zähen Teig verkneten. Den Teig in die Form geben und mit einem angefeuchteten Teigschaber glatt streichen. Im warmen Ofen 30 – 40 Min. gehen lassen (s. Seite 104, Tipps).

3. Die Form aus dem Ofen nehmen. Den Backofen vorheizen. Das Brot bei 250° (Mitte, Umluft 220°) 10 Min. backen. Dann die Temperatur auf 225° (Umluft 200°) reduzieren und weitere 40 Min. backen. Mit dem Öl bestreichen und in 10 Min. fertig backen. Nach dem Backen auf ein Kuchengitter stürzen und auskühlen lassen.

TIPP

Das Brot schmeckt frisch am besten, ist jedoch auch zur Vorratshaltung geeignet: dazu das Brot in Scheiben einfrieren und nach Bedarf im Toaster aufbacken.

Nährwerte pro Portion:

135 kcal • **3 g** Eiweiß • **3 g** Fett • **23 g** Kohlenhydrate

Walnussbrot

FÜR 1 KASTENFORM VON 28 CM LÄNGE (20 SCHEIBEN)

1 Würfel Hefe (42 g)
1 TL Zucker
500 ml lauwarmes Wasser
500 g Mehl-Mix plus (Hammermühle)
50 g geschroteter Leinsamen
100 g gemahlener Amaranth (ersatzweise Buchweizenmehl)
2 TL Salz
5 EL Sonnenblumenöl
100 g Walnusskerne
Fett für die Form

ZUBEREITUNG: ca. 35 Min.
RUHEZEIT: ca. 40 Min.
BACKZEIT: ca. 1 Std.

1. Die Hefe zerbröckeln, mit dem Zucker und 100 ml lauwarmem Wasser glatt rühren. Einige Min. ruhen lassen, bis sich Blasen bilden.

2. Die Form fetten. Mehl, Leinsamen, Amaranth und Salz mischen. Das Hefewasser, das restliche Wasser und 3 EL Öl zugeben. Alle Zutaten gründlich verkneten – am besten mit einer Küchenmaschine. Die Walnüsse hacken und unter den Teig kneten.

3. Den Teig in die Form füllen. Mit dem angefeuchteten Teigschaber glatt streichen. Im warmen Backofen 30 – 40 Min. gehen lassen (s. Seite 104, Tipps).

4. Die Form aus dem Ofen nehmen. Den Backofen vorheizen. Das Brot bei 250° (Mitte, Umluft 220°) zunächst 10 Min. backen. Dann die Temperatur auf 225° (Umluft 200°) reduzieren und 40 Min. weiterbacken. Das Brot mit 2 EL Öl bestreichen und in 10 Min. fertig backen. Nach dem Backen auf ein Kuchengitter stürzen und auskühlen lassen.

Nährwerte pro Portion:

170 kcal • **3 g** Eiweiß • **7 g** Fett • **25 g** Kohlenhydrate

Brot

ohne Fertigmehlmischung

FÜR 1 KASTENFORM VON 24 CM LÄNGE (16 SCHEIBEN)

1 Päckchen Trockenhefe
1 TL Zucker
400 ml lauwarmes Wasser
200 g Reismehl
150 g Maisstärke
150 g Buchweizenmehl
2 TL Guarkernmehl (Bindemittel)
1 1/2 TL Salz
1 TL Apfelessig
2 EL Rapsöl zum Bestreichen
Fett für die Form

ZUBEREITUNG: ca. 30 Min.
RUHEZEIT: ca. 30–40 Min.
BACKZEIT: ca. 1 Std.

1. Die Hefe mit dem Zucker und 100 ml lauwarmem Wasser glatt rühren und einige Min. ruhen lassen, bis sich Blasen bilden. Die Backform fetten.
2. Das Reismehl mit Maisstärke, Buchweizenmehl, Guarkernmehl und Salz mischen. Mit dem Hefewasser, dem Essig und 300 ml lauwarmem Wasser mindestens 3 Min. gründlich verkneten – am besten mit einer Küchenmaschine.
3. Den Teig in die Form geben und mit einem angefeuchteten Teigschaber glatt streichen. Das Brot im warmen Backofen 30–40 Min. gehen lassen (s. Seite 104, Tipps). Der Teig sollte um ein Drittel seines Volumens aufgehen.
4. Die Form aus dem Ofen nehmen. Den Backofen vorheizen. Das Brot bei 250° (Mitte, Umluft 220°) 10 Min. backen. Dann die Temperatur auf 225° (Umluft 200°) reduzieren und weitere 40 Min. backen. Das Brot mit dem Öl bestreichen und in 10 Min. fertig backen. Nach dem Backen aus der Form stürzen und auf einem Kuchengitter auskühlen lassen.

TIPPS

Das Mehl können Sie nach Belieben mischen, z. B. Maismehl, Kartoffelstärke, Buchweizen, Amaranth, Kastanien-, Quinoa-, Hirse-, Tapiokamehl etc. Die Menge muss zusammen 500 g ergeben, außerdem sollte ein Bindemittel wie Guarkern- oder Johannisbrotkernmehl zugesetzt werden.

Der Apfelessig fördert das Aufgehen. Anstatt Wasser kann auch Mineralwasser mit Kohlensäure, Buttermilch oder Joghurt verwendet werden.

Mit je 30 g Nüssen, Sonnenblumenkernen oder Leinsamen können Sie das Brot geschmacklich verändern.

Nährwerte pro Portion:

130 kcal • **2 g** Eiweiß • **2 g** Fett • **26 g** Kohlenhydrate

Mein Lieblingsbrot

FÜR 1 RUNDE BROTBACKFORM VON 30 CM Ø (22 SCHEIBEN)

1 Würfel Hefe (42 g)
1 TL Zucker
530 ml lauwarmes Wasser
500 g helles glutenfreies Mehl (z. B. Mix B von Dr. Schär)
50 g Buchweizenmehl
50 g Leinsamen
50 g Hirseflocken
50 g Sojaflocken
50 g Sonnenblumenkerne
2 TL Salz
1 EL Apfelessig
3 EL Rapsöl
Fett für die Form
glutenfreie Semmelbrösel zum Arbeiten

ZUBEREITUNG: ca. 30 Min.
RUHEZEIT: ca. 40 Min.
BACKZEIT: ca. 1 Std.

1. Die Hefe zerbröckeln und mit dem Zucker und 100 ml lauwarmem Wasser glatt rühren. Einige Min. ruhen lassen, bis sich Blasen bilden. Die Backform fetten und mit glutenfreien Semmelbröseln ausstreuen.

2. Das Mehl mit Buchweizenmehl, Leinsamen, Hirseflocken, Sojaflocken, Sonnenblumenkernen und Salz mischen. Das Hefewasser, den Apfelessig, 1 EL Öl und das restliche Wasser zugeben und etwa 5 Min. gründlich kneten – am besten mit einer Küchenmaschine.

3. Den Teig in die Form füllen. Mit einem angefeuchteten Teigschaber glatt streichen. Im warmen Backofen 30 – 40 Min. gehen lassen (s. Seite 104, Tipps). Der Teig sollte etwa um die Hälfte seines Volumens aufgehen.

4. Die Form aus dem Ofen nehmen. Den Backofen vorheizen. Das Brot bei 225° (Mitte, Umluft 200°) 50 Min. backen. Dann das Brot mit 2 EL Öl bestreichen und in 10 Min. fertig backen. Nach dem Backen auf ein Kuchengitter stürzen und auskühlen lassen.

TIPP

Wenn Sie dieses Brot im Brotbackautomaten backen, verwenden Sie 650 ml Wasser.

VARIANTE

Backen Sie doch einfach ein leckeres Nussbrot! Dann anstelle von 530 ml Wasser nur 270 ml lauwarmes Wasser und 260 ml lauwarme Buttermilch verwenden, und die Sonnenblumenkerne durch 50 g gehackte Walnüsse ersetzen.

Nährwerte pro Portion:

145 kcal • **3 g** Eiweiß • **4 g** Fett • **23 g** Kohlenhydrate

Glossar

Aufbewahrung

Glutenfreies Brot schmeckt sehr gut, wenn Sie es portionsweise in Scheiben einfrieren und die gefrorenen Scheiben bei Bedarf im Toaster aufbacken. Sie sollten jedoch unbedingt einen separaten Toaster dafür bereithalten. Lagern Sie das glutenfreie Brot auch immer getrennt von glutenhaltigem in einem Beutel oder in einer Dose.

Backtipps

> Am besten gelingt das glutenfreie Backen, wenn die Zutaten Zimmertemperatur haben.

> Glutenfreier Brotteig sollte schon nach dem ersten Gehen gebacken werden, da er ein zweites Mal oft nur noch schlecht aufgeht.

> Glutenfreier Teig braucht viel Feuchtigkeit, um gut aufzugehen. Die folgende Methode hat sich gut bewährt: den Backofen kurz auf 50 °C heizen, dann ausschalten (ca. 35 °C). Den Teig auf dem Blech, in der Form oder in einer Schüssel hineinstellen, darüber einen Gitterrost in den Ofen schieben und diesen mit einem feuchten Geschirrtuch bedecken. Das Geschirrtuch vor dem Backen bitte unbedingt wieder herausnehmen!

> Feuchtigkeit ist auch für das eigentliche Backen sehr wichtig, damit das Brot nicht austrocknet. Stellen Sie deshalb während des Backens ein feuerfestes Gefäß mit Wasser in den Ofen, auch bei Umluft.

> Der glutenfreie Teig kann vor dem Backen eine andere Konsistenz als normaler Brotteig haben. Wenn Sie den Teig in Frischhaltefolie einwickeln, lässt er sich leichter zu einem Laib formen.

> Glutenfreies Brot kann durch Zugabe von gepressten gekochten Kartoffeln saftiger gemacht werden.

Beilagen

Als Beilage empfehlen sich z. B. Reis, Kartoffeln oder glutenfreie Nudeln (s. Herstellerliste).

Bindemittel

Gluten ist mit für die guten Backeigenschaften von Weizenmehl verantwortlich. Es bindet den Teig und macht das Brot elastisch. Ohne Gluten muss diese Eigenschaft deshalb in manchen Fällen durch andere Bindemittel ersetzt werden. Guarkern-, Johannisbrotkern- oder Pfeilwurzelstärke (Arrowroot) eignen sich hierfür sehr gut. Verwenden Sie etwa 2 TL für ein Brot.

Binden von Soßen

Suppen und Soßen müssen oft angedickt werden. Hierfür gibt es verschiedene Möglichkeiten, z. B. Stärke (Mondamin), Reismehl oder glutenfreies Mehl. Einfach mit Wasser anrühren und dann in die Suppe oder Soße einrühren. Der Fix-Soßenbinder von Mondamin ist ebenfalls glutenfrei.

Desserts

Achten Sie vor allem bei Eis und gekauften Süßspeisen auf Glutenfreiheit. Eine große und unverzichtbare Hilfe stellt hier die Lebensmittelliste der Deutschen Zöliakiegesellschaft (DZG) dar.

Deutsche Zöliakiegesellschaft (DZG)

Die DZG erstellt regelmäßig eine sehr umfangreiche Lebensmittelliste, in der glutenfreie Produkte nahezu aller Hersteller aufgeführt sind. Eine Mitgliedschaft in der DZG ist daher unverzichtbar. Schauen Sie unbedingt bei den Zutaten für das glutenfreie Kochen und Backen in der DZG-Lebensmittelliste nach, ob das entsprechende Produkt glutenfrei ist. Manchmal werden Rezepturen geändert.

Die Pizza beim Italiener

Auch mit Zöliakie müssen Sie auf die Pizza beim Italiener nicht verzichten. Bringen Sie einfach ihren eigenen glutenfreien Pizzaboden mit, und lassen Sie ihn sich nach Wunsch belegen. Ein kurzer Anruf im Voraus reicht meistens aus, damit die Küche informiert ist. Weisen Sie dann vor Ort die Servicemitarbeiter darauf hin, dass die Pizza im gut gereinigten Blech gebacken werden soll und nicht auf dem bemehlten Backstein des Ofens, um nicht mit glutenhaltigem Mehl in Berührung zu kommen.

Einkaufsmöglichkeiten für glutenfreie Lebensmittel

Sie finden ein breit gefächertes Angebot glutenfreier Lebensmittel im Reformhäusern und in Bioläden. Auch im Internet gibt es einige Shops mit glutenfreien Lebensmitteln.
Wenn Sie im Supermarkt einkaufen, sollten Sie sich unbedingt an die Lebensmittellisten der DZG halten.

Essen im Flugzeug

Bei einer Flugreise sollten Sie bereits bei der Buchung darauf hinweisen, dass Sie glutenfreie Kost benötigen, die Fluggesellschaften sind darauf eingestellt. Bitte trotzdem am Tag vor dem Abflug und beim Einchecken dann nochmals gesondert darauf hinweisen, damit auch garantiert nichts schief geht. Es macht jedoch Sinn, etwas glutenfreies Brot oder Cracker im Handgepäck dabeizuhaben, denn es kommt gelegentlich vor, dass die Flugbegleiter nicht genügend Erfahrung mit der Thematik haben und dennoch normales Brot servieren.

Essen im Restaurant

In den meisten Restaurants ist es kein Problem, glutenfrei zu essen. Sprechen Sie einfach mit den Servicemitarbeitern und erklären Sie, was Sie essen dürfen und was nicht. Es gibt von der Deutschen Zöliakiegesellschaft ein Kärtchen („Eine Bitte an den Koch"), auf dem genau beschrieben wird, was erlaubt ist und was nicht. Dieses Kärtchen kann man dem Koch in die Küche geben lassen. Das Kärtchen gibt es in allen gängigen Sprachen, was vor allem bei Auslandsreisen oder in ausländischen Restaurants sehr hilfreich ist.

Flohsamen (Fiber-Husk)

Um die Verarbeitungs- und Backeigenschaften von Brot zu verbessern, ist der so genannte Flohsamen (Psyllium Plantago) als Bindemittel sehr gut geeignet. Der Flohsamen hat besonders gute Quelleigenschaften. Er nimmt dadurch sehr viel Flüssigkeit auf und hält diese besser im glutenfreien Gebäck. Flohsamen ist

die Samenkapsel einer Wegerich-Art. Er hält erst seit kurzem Einzug in die glutenfreie Küche, findet sich aber wegen seiner guten Eigenschaften mittlerweile als Bestandteil einiger Fertigmehle wieder.
1–2 TL in die Flüssigkeit, die für das Brot benötigt wird, rühren, 10 Min. quellen lassen und zum Teig geben. Dann wie gewohnt weiterverarbeiten. Gemahlener Flohsamen wird z. B. von Finax (s. Herstellerliste) unter der Bezeichnung Fiber-Husk verkauft. Sie können ihn aber auch ungemahlen in der Apotheke kaufen und selbst mahlen.

Laktosefrei

Wenn Sie sich laktosefrei ernähren müssen, können Sie in den Rezepten Butter durch laktosefreie Margarine ersetzen. Laktosefreien Joghurt, Milch, Sahne und Quark gibt es im Supermarkt. Hartkäse hat durch die Fermentierung sehr wenig Laktose, hier müssen Sie im Einzelfall selbst herausfinden, wie viel Laktose Sie vertragen.

Mehl selbst mischen

Glutenfreie Fertigmehle sind sehr hilfreich und kommen in ihren Backeigenschaften normalem Weizenmehl oft sehr nahe. Falls Sie Ihr eigenes Mehl mischen wollen, finden Sie hier ein paar Anregungen:

- 200 g Maismehl, 150 g Reismehl, 150 g Kartoffelstärke
- 200 g Buchweizenmehl, 150 g Maisstärke, 150 g Tapiokamehl
- 200 g Reismehl, 150 g Amaranth (gemahlen), 150 g Kartoffelstärke

Zu den Mehlmischungen jeweils noch 2 TL Bindemittel dazugeben, z. B. Flohsamen, Johannisbrotkernmehl, Guarkernmehl oder Pfeilwurzelstärke (Arrowroot).

Sauberkeit

Bei der glutenfreien Küche sollten Sie auf größte Sauberkeit achten, denn schon geringe Mengen Gluten können Symptome auslösen. Backformen müssen gut gereinigt werden, am allerbesten ist es, separate Formen für die glutenfreie Bäckerei zu verwenden. Silikonformen eignen sich hervorragend für glutenfreies Backen. Falls Backbleche und Formen auch für normales Gebäck benutzt werden, kann man diese notfalls auch mit Backpapier auslegen. Die glutenfreien Zutaten sollten in verschlossenen Behältern aufbewahrt werden, um eine Verunreinigung mit Gluten zu vermeiden.

Verstecktes Gluten

Achten Sie bei Backzutaten wie Backpulver, Schokoladenglasur, Gewürzen, Aromen, Marzipan oder Ähnlichem unbedingt auf Glutenfreiheit, hier sind gelgentlich Zutaten wie Malz, Weizenstärke etc. versteckt. Die DZG-Lebensmittelliste sagt Ihnen, welche Produkte Sie verwenden können.

Verwendung Ihrer bisherigen Rezepte

Sie müssen auf die meisten ihrer bisherigen glutenhaltigen Rezepte nicht verzichten. Das Mehl für Ihr Gebäck können Sie in der Regel durch entsprechendes glutenfreies Mehl ersetzen (s. Herstellerliste). Die Backeigenschaften können sich dadurch etwas verändern, glutenfreies Mehl braucht z.B. mehr Flüssigkeit. Eine Zugabe von Bindemittel hilft, die Verarbeitungs- und Backeigenschaften denen von glutenhaltigem Mehl anzugleichen.

Gut zu wissen

Adressen und Links, die weiterhelfen

Links

- Deutsche Zöliakiegesellschaft (DZG): www.dzg-online.de
- Schweizer Interessengemeinschaft Zöliakie: www.zoeliakie.ch
- Österreichische Arbeitsgemeinschaft Zöliakie: www.go.to/zoeliakie

Hersteller laktosefreier Milchprodukte

- Omira: www.minusl.de
- Breisgaumilch: www.breisgaumlich.de
- Alpro: www.alpro-soja.de
- Leha: www.leha-web.de

Hersteller glutenfreier Produkte (Fertigmehle, Pasta, Gebäck u.a.)

- Finax: www.finax-glutenfrei.de
- Hammermühle: www.hammermuehle-online.de
- Dr. Schär: www.schaer.com
- 3 Pauly: www.3pauly.de
- Minderleinsmühle: www.hubmann-glutenfrei.de
- Poensgen: www.poensgen-brot.de
- Naturkornmühle Werz: www.vollwertcenter.de

Gerichte nach Kapiteln

Rezeptregister von A bis Z

Bewusst genießen

Clever kochen und schlemmen

ISBN 978-3-8338-0650-6
128 Seiten

ISBN 978-3-8338-0163-1
128 Seiten

ISBN 978-3-8338-1864-6
128 Seiten

ISBN 978-3-7742-6649-0
128 Seiten

Frische Rezepte für den großen Kochspaß: alle getestet, einfach nachvollziehbar und mit Hmm-Garantie!

GU
Willkommen im Leben.

küchen götter.de
powered by GU

Einfach göttlich kochen und himmlisch speisen?
Die passenden Rezepte, Küchentipps und -tricks
in Wort und Film finden Sie ganz einfach unter:
www.küchengötter.de

Impressum

Projektleitung: Susanne Klug
Lektorat: Gabriele Krieg, München
Korrektorat: Mischa Gallé
Umschlaggestaltung: Independent Medien Design
Foodfotografie: Michael Brauner
Produktion: Petra Roth
Satz: Liebl Satz+Grafik, Emmering
Reproduktion: Penta Repro, München
Druck und Bindung: Printer, Trento

Syndication:
www.jalag-syndication.de

ISBN 978-3-7742-8797-6

6. Auflage 2011

Bildnachweis
Titelbild: Jörn Rynio, Hamburg
Foodfotografie:
Michael Brauner

Michael Brauner arbeitete nach Abschluss der Fotoschule in Berlin als Fotoassistent bei namhaften Fotografen in Frankreich und Deutschland, bevor er sich 1984 selbstständig machte. Sein individueller, atmosphärereicher Stil wird überall geschätzt: in der Werbung ebenso wie bei vielen bekannten Verlagen. In seinem Studio in Karlsruhe setzt er die Rezepte zahlreicher GU-Titel stimmungsvoll ins Bild.

Die Anregungen in diesem Buch stellen die Meinung beziehungsweise die Erfahrungen der Autorinnen dar und wurden von ihnen nach bestem Wissen und Gewissen erstellt. Sie bieten jedoch keinen Ersatz für kompetenten medizinischen Rat. Jede Leserin, jeder Leser sollte für das eigene Tun auch weiterhin selbst verantwortlich sein. Weder die Autorinnen noch der Verlag können für eventuelle Nachteile oder Schäden, die aus den im Buch gegebenen praktischen Hinweisen resultieren, eine Haftung übernehmen.

Geschützte Warennamen (Warenzeichen) sind nicht immer gekennzeichnet. Aus der fehlenden Angabe kann nicht geschlossen werden, dass es sich um freie Warennamen handelt.

GRÄFE UND UNZER

Ein Unternehmen der
GANSKE VERLAGSGRUPPE

Unsere Garantie

Alle Informationen in diesem Ratgeber sind sorgfältig und gewissenhaft geprüft. Sollte dennoch einmal ein Fehler enthalten sein, schicken Sie uns das Buch mit dem entsprechenden Hinweis an unseren Leserservice zurück. Wir tauschen Ihnen den GU-Ratgeber gegen einen anderen zum gleichen oder ähnlichen Thema um.

Liebe Leserin und lieber Leser,

wir freuen uns, dass Sie sich für ein GU-Buch entschieden haben. Mit Ihrem Kauf setzen Sie auf die Qualität, Kompetenz und Aktualität unserer Ratgeber. Dafür sagen wir Danke! Wir wollen als führender Ratgeberverlag noch besser werden. Daher ist uns Ihre Meinung wichtig. Bitte senden Sie uns Ihre Anregungen, Ihre Kritik oder Ihr Lob zu unseren Büchern. Haben Sie Fragen oder benötigen Sie weiteren Rat zum Thema? Wir freuen uns auf Ihre Nachricht!

Wir sind für Sie da!
Montag – Donnerstag: 8.00 – 18.00 Uhr;
Freitag: 8.00 – 16.00 Uhr
Tel.: 0180 - 5 00 50 54* *(0,14 €/Min. aus dem dt. Festnetz/ Mobilfunkpreise maximal 0,42 €/Min.)
Fax: 0180 - 5 01 20 54*
E-Mail:
leserservice@graefe-und-unzer.de

P.S.: Wollen Sie noch mehr Aktuelles von GU wissen, dann abonnieren Sie doch unseren kostenlosen GU-Online-Newsletter und/oder unsere kostenlosen Kundenmagazine.

GRÄFE UND UNZER VERLAG
Leserservice
Postfach 86 03 13
81630 München